像利弗莫尔一样交易
——买在关键点

刘堂鑫·著

中国宇航出版社
·北京·

图书在版编目（CIP）数据

像利弗莫尔一样交易. 买在关键点 / 刘堂鑫著. --北京 : 中国宇航出版社, 2022.7

ISBN 978-7-5159-2076-4

Ⅰ. ①像… Ⅱ. ①刘… Ⅲ. ①股票交易一基本知识 Ⅳ. ①F830.91

中国版本图书馆CIP数据核字(2022)第096829号

策划编辑 吴媛媛　　**封面设计** 宋 航
责任编辑 田芳卿　　**责任校对** 吴媛媛

出版发行 中国宇航出版社

社　址 北京市阜成路 8 号　　**邮　编** 100830
（010）68768548

网　址 www.caphbook.com

经　销 新华书店

发行部 （010）68767386　　（010）68371900
（010）68767382　　（010）88100613（传真）

零售店 读者服务部
（010）68371105

承　印 三河市君旺印务有限公司

版　次 2022 年 7 月第 1 版　　2022 年 7 月第 1 次印刷

规　格 710 × 1000　　**开　本** 1/16

印　张 14.75　　**字　数** 196 千字

书　号 ISBN 978-7-5159-2076-4

定　价 49.00 元

本书如有印装质量问题，可与发行部联系调换

PREFACE 前言

杰西·利弗莫尔被公认为20世纪20年代华尔街天才交易员。他14岁开始涉足股票市场，以令人不可思议的5美元起家，在1907年的经济“大恐慌”中豪赚300万美元。也正是通过这场成功的战役，让他从一个一文不名的小角色一跃成为美国的股市之王。在1929年的经济“大萧条”中，他更是因为大量做空美国股市，在短时间内狂赚1亿美元，因此成为名副其实的“华尔街大熊”。

在1999年的《纽约时报》上，利弗莫尔以压倒性优势击败了巴菲特、索罗斯等著名投资大鳄，被评为“百年美股第一人”。他当时赚得的美元，折合到现在至少是1 000亿美元，其成就至今无人超越。在金融市场，对其顶礼膜拜者不计其数，研究他的交易方法者，也数不胜数。这些人都有一个共同的目标，就是希望通过不断地学习和追寻利弗莫尔的交易方法，提高自己的投资技能，从而能像利弗莫尔一样决胜股市。

利弗莫尔对交易具有过人的天赋，在他的整个交易生涯中，从未停止过对市场的探索。他发现的许多市场规律，至今还被奉为交易圭臬。作为技术派投资者的先驱，他的许多观点和理论对后市影响深远，当代大多数技术流派的理论中，都能找到他的思想痕迹。他揭示的股市运动规律，堪比牛顿三大定律，如最小阻力线、关键点、时机因素等。本书就是从关键点这一角度着手，全面深刻地解读利弗莫尔关键点的操作方法和交易智慧。

全书主要分四部分。

第一部分内容（第一章到第四章）阐述利弗莫尔的交易思想。重点讲解关键点和时机因素，指明在利用关键点交易时，必须结合时机因素。着重强调关键点并不是某个价格点，而是结合时机因素，股价突破某个关键价格的时点（即关键点包含关键价格和关键时机），从而总结出关键点的核心原理是支撑阻力和突破交易。其中“一买就赚”的交易效果，还具有提升交易心态的作用，这是利弗莫尔能有超人的耐心和勇气，不受行情短期波动影响，坚守头寸以赚取大规模利润的重要因素。

第二部分内容（第五章）主要是优化改良利弗莫尔的关键点。利弗莫尔的关键点思想是100年前总结出来的，现代金融市场与100年前相比更加复杂，如果直接生搬硬套，可能交易效果并不理想，更何况时机因素还对关键点交易具有辅助和强化的作用。这里根据现代金融市场的特点，提出了新的时机因素（New Time Element），以优化改良利弗莫尔的关键点，让其更适用于现代金融市场交易，同时具有较好的盈利能力。

在这部分内容中，提到缺口这种最强的时机因素，这种因素和关键点结合，往往会大幅提升关键点交易赚钱的能力。缺口既是最好的时机因素，同时又是一种具有重要价值的关键点，所以将该内容的讲解放到了第三部分，即“新”关键点的内容中。

第三部分内容（第六章和第七章）是根据利弗莫尔关键点两大原理，重新发掘关键点（New Pivotal Point）。利弗莫尔在他的书中曾说过：**“人们开始利用这个方法时，也许会找到我错过的但更有价值的新的关键点。”**从这里可以看出，利弗莫尔的关键点不是绝对的，但其关键点的交易思想是绝对的，因为关键点交易方法是根据人性设计出来的，因此永远具有正确性。就像他的那句颇富哲理的话一样：**“华尔街从不曾变过。口袋变了，股票变了，华尔街却从来没有变，因为人性未变。”**

发掘新的关键点的目的，是让大家也能像利弗莫尔一样在市场中通过交易轻松获利。这里介绍了三种“新”的关键点，其中最重要的是对称中心点。其与传统的指标、量能、形态等分析方法不同，它运用几何和函数语言分析行情，开创了几何和函数语言分析行情的先河。该分析方法的基础并不是抽象的概率统计学，而是建立在函数映射逻辑之上，能够清晰且客观地解释市场趋势，在市场大势的判断上，具有较高的概率和较强的操作性。对称中心点对趋势的研判具有现时性，能够准确又显而易见地分别给出当下时间节点的趋势运行状态，避开了传统技术指标严重滞后的特点。在其理论框架中，各种要素都是具体的，几乎没有任何变量，更没有任何未来变量，分析结果就是市场当下所处的状态，并能较准确地指示趋势未来发展的方向。

最后一部分（第八章）罗列了与关键点交易法相关的交易智慧，诸如“赚大钱比高胜率更重要”“驱动市场的是人性”“学会分析错误”“涨跌无关紧要，最要紧的是做正确的事”，等等，以便大家时常警醒自己，规范和指引大家永远朝着正确的交易方向努力前行。

本书与《像利弗莫尔一样交易——让利润奔跑》互为姊妹篇，大家可以将两本书结合起来学习，将会更好地掌握利弗莫尔的操盘精髓。

刘堂鑫

2022 年 4 月

CONTENTS 目 录

第六章 “新”关键点

第七章　关键点交易步骤

第八章　关键点智慧集锦

第一章

交易之王——利弗莫尔

利弗莫尔是20世纪最伟大的交易员，被称为“交易之王”。可以说他是20世纪金融市场最厉害的大空头，他甚至一度做空美国经济，以至于金融大亨JP·摩根和美国政府都腼着脸来求他收手，以免美国经济陷于崩溃。

利弗莫尔是技术分析的开创者，现代每个技术分析理论，基本都离不开他的思想框架。他在市场中的经历更像是一面镜子，每个交易者都可以从中看到自己的影子。利弗莫尔的一言一行，时刻警醒和指引着我们的交易行为。他从市场中领悟和总结出来的交易方法和交易智慧，值得我们笃定追随和反复学习。

在利弗莫尔的交易方法中，最核心的是关键点。正如他所说的一样：“怎么强调关键点的重要性都不为过，在我领会了其中的奥妙之后，这就成了我最重要的交易武器。”

本章先以关键点为线索，以叙事的方式简述利弗莫尔整个投资生涯各时段的关键点交易法演变和完善的过程，同时为大家总结利弗莫尔能够获得巨大成功的原因。对关键点的详细讲解，后续章节会陆续展开。

1.1 关键点探索之路

1929年的那次股票大崩盘，让我从心底接受了突破关键点理论。当时，那个“黑色星期二”是股票市场有史以来最大的关键点，那一天整个市场下跌了11.7%，而且接下来还不停下跌。

——利弗莫尔

利弗莫尔的整个投资生涯，始终处在探索并完善关键点交易的方法之中。1929年股市大崩盘，关键点理论让他大获全胜，这时他才从心底真正接受关键点突破交易法。

利弗莫尔关键点交易法的进阶之路，主要分为四个阶段，分别是关键点振荡交易体系、关键点顺势交易体系、关键点盈利加码体系和关键点综合交易体系。下面来讲解每个阶段关键点交易法的形成过程，并对其进行分析，以便从中学习其伟大的交易思想。

1.1.1　第一阶段：关键点振荡交易体系

利弗莫尔早年运用的是关键点振荡交易法，该方法是利弗莫尔在波士顿对赌行里当抄写员的时候总结出来的交易方法。

利弗莫尔是个天生对数字敏感且异常勤奋之人，他每天晚上会把白天工作中所记的股价写在自己的小本上，并且不断地观察分析，对每个股价变化进行思考。他明白，只要自己能从中找出规律并形成一个交易系统，就能脱贫致富。就像利弗莫尔说的那样："华尔街永远不变，口袋变了，股票变了，华尔街却从来没变，因为人性没变。"他相信市场肯定存在某种规律。有一天，他觉察到这些数字的变化形成一个固定的波浪形，走向平稳，随后不断重复循环。股价在上涨或下跌前，总能在一段时间内维持在固定的形态中运行，一遇到关键的高点或低点阻力时，就反向运动。这种运动方式的线索隐藏在他记录的数字模式里。随后他就根据自己记录的股价，待出现这种特定的循环模式时，对其进行往复操作，多空通吃。

利弗莫尔设计的这种多空交易系统，现在来看大家可能觉得比较简单，但是在当时可谓是非常高明的。在那个连价格图表都没有的年代，人们都是随意操作，毫无规则的。要么是四处打探内幕消息，要么是把买卖当作赌博，每天都有不计其数的投资者将手中的美金送给对赌行。

利弗莫尔的这种振荡交易法非常适合对赌行，行情反复振荡时，可以赚很多次，只是在最后一次突破区间的时候才会亏损。因为赢的次数高于亏的次数，因此能够保证胜率。对赌行规定亏损10%就等于“爆仓”，对赌行就会“吃掉你的保证金”，即强行平仓，在这种“强制止损”的规则下，盈亏比基本得到了保证。盈亏比是一个很重要的概念，利弗莫尔随后在华尔街的交易中，就因为不舍得止损，因而屡次遭受失败。

在这种高概率获胜且盈亏比有利的交易条件下，利弗莫尔如鱼得水。他双向操作，买多卖空，左右逢源，短时间内用微不足道的5美元投入，轻松赢得了1 500多美元。这让他迅速走红波士顿，人称“吸金小王子”。

利弗莫尔从来不像其他大多数一直亏钱的投资者那样打探消息，他认为行情运动会先于消息的影响，当消息传到人们的耳中时，行情早已经反应完了。他很早就明白，情绪是决定成败的关键因素。他用自己的方式交易的时候，他完全能够控制自己的情绪，而且很理性，所以没过多久他就赢了1万多美元。这让波士顿的对赌行胆战心惊，对他避之唯恐不及，把他列入头号黑名单。

1.1.2 第二阶段：关键点顺势交易体系

波士顿的对赌行不敢与利弗莫尔玩了，这样就断了他的财路，因此时年20岁的利弗莫尔只好去纽约正规的交易所继续施展抱负，这也是他的关键点顺势交易体系建立的开始。

这次命运跟他开了个玩笑，大家心目中的“交易之王”，想当然地认为自己的振荡交易法既然能在对赌行赢钱，在大公司一样也会有效，因为股票价格波动都是一样的。但事与愿违，等他在纽约交易所准备大显身手的时候，发现自己的区间交易策略不灵了，市场冰冷的双手在他脸上左右拍打，半年之内他就亏完了本金。

利弗莫尔与一般投资者的区别不只是他善于学习，他更善于从错误中学习，这一点是他比一般投资者成长更快的原因。他努力总结自己在纽约交易所亏钱的原因，一方面是因为他沿用对赌行的超短线交易，这种操作要求报价时效不能太高。但纽约交易所的报价是即时的，并不像对赌行那样由纸带报价带来较大延迟，所以通常他在纽约交易所提交的指令价总是会高于市场成交价，这样对于短线操作来说很难获利。更重要的原因是他在止损上吃了大亏，因为纽约交易所并不像对赌行那样会强制“平仓”，所以每当交易出错导致亏损的时候，他因舍不得止损死捂股票，导致本金迅速就亏完了。

同样是采取振荡交易法，同样能做到高概率，但在纽约交易所，他的盈亏比对他很不利，一次亏损就可能导致本金亏完。从这里可以看出，对赌行的“强制止损”反而帮他避开了人性的弱点，让他更容易赚钱。这也给我们一个很好的提示，高概率成功交易的前提条件是要控制好盈亏比，当我们也用区间交易策略操作的时候，如果盈亏比控制不好，即使有高概率的交易方法，也一样会失败。

利弗莫尔亏光了他在对赌行中赢得的钱，没有办法，他再次重操旧业，重新混迹于对赌行，甚至伪装身份，雇人下单。在好不容易再次赢了1万美元后，他又重返华尔街。当时是1901年，恰逢金融大佬JP·摩根干预市场，导致市场疯涨。他正好借这个势头大量买入北太平洋铁路公司的股票，短短半年时间就赢了5万美元。不幸的是口袋里的钱还没捂热，利弗莫尔因为逆势做空美国钢铁和桑塔福这两只股票，又把5万美元还回去了。

二度亏完的利弗莫尔再度败走华尔街，他又回到波士顿，干那些“偷鸡摸狗”的交易。很显然，他又和捡钱似地赚了9 500美元。利弗莫尔是一个非常善于思考总结的人，等他再度被对赌行赶回纽约的时候，这次他没有再盲目地继续用关键点振荡交易法进行交易，而是痛定思痛，升级自己的交易思想，同时总结了交易中的三点重要因素。

第一，由于清楚地知道对赌行的短线操作在真正的股市交易里行不通，所以他认为要放长线钓大鱼，这样就不会受报价误差因素的影响。

第二，他发现市场还是存在趋势的。总有一些关键点，一旦被突破，行情就会顺势上涨或者下跌很多。从上次逆势操作亏损的5万美元交易中，他领悟到不能关心价格一时的高低，必须跟随市场趋势，一定要跟着市场走，沿着最小阻力线进行交易，不能逆势而为。

第三，在方向错误的时候要截断亏损，在对的时候要拿住头寸，让利润奔跑。

分析上面三点要素，可以知道，这就是我们现在所说的顺势交易体系。除了建立关键点顺势交易体系，利弗莫尔还总结出了交易中三个重要的规律。

第一，市场是客观的。利弗莫尔指出，不能以牛熊来定趋势，而要看市场走势本身，因为市场永远是对的。

第二，关键点交易要结合时机因素。利弗莫尔领悟到时机因素对于交易的重要性，如果正确的策略用在了错误的时间上，一样会亏钱。比如，他认为，当一只股票进入明确的趋势状态之后，将会始终沿着最小阻力线一直运行下去，那么这个最小阻力线就是重要的时机因素。当运用关键点进行交易的时候，必须先看看最小阻力线方向是不是和交易方向一致。

第三，耐心比头脑更重要。利弗莫尔强调耐心等待关键点突破信号，耐心持有盈利的头寸是非常重要的，这一点对于一般投资者往往是最大的考验。每当他没有耐心等待关键点到来就急于交易时，他总是会赔钱。

1.1.3 第三阶段：关键点盈利加码体系

关键点盈利加码体系是利弗莫尔大赚的核心秘诀。

纵使利弗莫尔建立了顺势交易体系，但是兜兜转转了很久，也无非就是以9 500美元赢了4万美元而已。对他而言，真正具有崛起意义的事件发生在1906年，与以往小赚不同，这次他运用关键点加码的策略，首次盈利就达到了几十万美元。当时他在太平洋联合铁路这只股票上做空，他先是试仓卖空1 000股，盈利之后，他又卖空了1 000股。当天临近休市时，市场有人抛售，价格继续下跌，因此他继续做空2 000股。恰好当晚传来旧金山被地震毁于一旦的消息，因此利弗莫尔第二天果断继续抛空5 000股。随着行情急剧下跌，利弗莫尔在市场一片哀声之中大赚25万美元。

利弗莫尔在这次交易中一战成名。如果说顺势交易法是最容易赚钱的策略，那么利弗莫尔的盈利加码策略是获利呈指数级放大的秘诀。经过这个阶段后，可以说利弗莫尔赚大钱的交易体系基本建立，此后他的交易总是一赚则是爆赚，盈利加码策略成为他赚大钱的正确方式。在他这个新交易策略中，最闪耀的地方不是顺势，而是在关键点基础上进行“轻仓试仓，盈利加码”的操作。虽然这种操作方式看起来很平淡，却是他交易获利的稳定器，更是他赚大钱的助推器。

一方面，当市场趋势不明的时候，轻仓试仓可以减少风险，并且还可以探明趋势；另一方面，轻仓试仓保留了后续大部队、大资金，在行情方向做对的时候浮盈加码，将手中的资金纷纷加入战场，等于是拥有源源不断的后续力量，也等于是自己加了杠杆。将杠杆做到极致，在出现大行情的时候，往往都能赚得盆满钵满。

根据利弗莫尔“轻仓试仓，盈利加码”交易思想，笔者建立了一套小赔暴赚的资本运作模型，大家可以参阅《像利弗莫尔一样交易——让利润奔跑》这本书。

1906年后半年，关键点盈利加码交易法发挥了巨大的威力。利弗莫尔当时关注了几个龙头板块，发现这些板块全都开始转向下跌，而市场中人们还在继续叫嚣着“新世纪、新牛市”。利弗莫尔的习惯一向是反向操作，所以这让他更加确信自己的空头判断。如法炮制，他在每个龙头板块开始试仓。果不其然，市场走势疲弱不堪。利弗莫尔发现雷丁这只股票一动不动，非常抗跌。一方面，该股已经从牛市的上升区间运行到了熊市的下降区间；另一方面，由于大势向下，所以雷丁不可能螳臂当车。利弗莫尔基于这两个方面的因素，于是决定尝试做空雷丁股票。

按照同样的操作方式，待试仓成功后，他就开始卖空4 000股雷丁股票。盈利之后，继续卖空2 000股。在雷丁这只股票上，他大赚了近100万美元。在随后的“大恐慌”中，他更是身法了得，仅用一天时间就再次将100万美元收入囊中，让他身价一跃达到300万美元。也正是这次华丽的操作，让他获得“股市之王”的冠冕，连金融大亨JP·摩根都不得不腆着脸来求他放过股市。

所有这一切，得益于他的关键点盈利加码体系，这让他的盈利得到翻倍式的大幅度提升。

1.1.4 第四阶段：关键点综合交易体系

在交易后期，利弗莫尔的交易系统愈发成熟和完善，形成了关键点综合交易体系。

在交易完全成熟的阶段，利弗莫尔买股的时候，不但会看股票的基本面是否持续优秀，只关注龙头股，而且还会将板块基本面和技术面结合分析，形成“联合关键价格”这一分析模式，使得关键点理论更加完善。利弗莫尔研究出了一套从宏观到微观的交易理论，即“大势—板块—龙头股—姐妹股”分析模式。这种基本面和技术面相结合的关键点综合交易体系，让他本来就极具优势的关键点理论变得空前强大。在他那个时代，拥有这样完善、系统的交易方法，绝对是无人匹敌的。

其实，在1907年的“大恐慌”中，利弗莫尔就已经用到了以姐妹股和领先板块动向判断市场趋向的方法。然而很不幸的是，利弗莫尔再次败光了在1907年“大恐慌”中赚得的所有资金。他受棉花大王托马斯对市场看法的影响，在浮亏的前提下不断逆势加仓，犯了原则性错误，最终输得一败涂地，导致他第三次破产。

棉花交易中的大败，让利弗莫尔领悟到了保持客观清醒的重要性，因为市场永远是对的，而人不是。市场有其自己的生命，不会因为任何人改变。所以在交易中，绝对不能亏损加仓，摊低成本，不能让自己陷入不可控的风险之中。

这次大败对利弗莫尔打击很大，让他在很长一段时间内都无法翻身，交易总是节节失利。所幸的是黑夜阻挡不了星月的光芒，之后，利弗莫尔用仅剩下的可怜的500股信用额度再度翻身。当时恰逢一战，利弗莫尔凭借战争对金属的需求会大幅增加的正确判断，再度用“轻仓试仓，盈利加仓”的交易手法，在伯利恒钢铁上快速赚取了50万美元。之后他越做越顺，一出手就是几百万美元的获利。

利弗莫尔真正让人家喻户晓的“封神之战”，发生在1929年10月29日，俗称“黑色星期二”的那一天，当时利弗莫尔通过分析市场龙头股的走势，发现众多龙头股价格都萎靡不振，因此他嗅到了危机的气息。因为具有追踪龙头股这个基本面分析逻辑，就不再让他只限于技术层面，因此这一发现给了他极大的信心。他认为这次是他千载难逢的大好时机，于是雇用100多个中间商，帮他不断地进行卖空操作。采用盈利加仓的策略，最后他的头寸达到了非常庞大的规模。市场龙头股走势越来越乏力，不断下跌，最终股市全面崩盘，一天之内就下跌11.7%，当天的市场走势已经不能用“惨”字来形容。在这场空头狙击的世纪之战中，利弗莫尔豪赚1亿美元，该成绩成为股市交易中至今无人触摸的天花板。

利弗莫尔认为，应该坚持操作市场中的龙头股票，始终要盯着板块中最强势的股票，因为弱势股都会跟着龙头股运行。如果不能在龙头股上面获利，那么也基本不能在整个股票市场上获得利润。用现在的理论来讲，就是所谓的“追龙头股”，因为这类股票的走势具有风向标的意义，主要理由有以下四点。

（1）龙头股票的上涨或下跌幅度一般远超市场平均值。因此追随龙头股可以让交易者赚取超额收益，也能让交易者更早地嗅出趋势转向，帮助交易者规避损失。

（2）龙头股票总是领先于市场指数和行业板块启动，因此进入龙头股票的资金往往是一些先知先觉的聪明资金，他们对市场的判断更加准确，入市时机也更早。

（3）龙头股票往往在市场刚刚见底的时候就已经突破了技术形态，价格已经涨了一大截，此时一般投资者已经不愿意在相对高位进场。所以跟随龙头股票是完全逆向思维的交易方式，而逆向思维往往能赚大钱。

（4）跟踪龙头股票的群体性走势，可以把握住板块效应，甚至把握整个市场的运行状况。

1.2 利弗莫尔成功之道

虽然现在距离利弗莫尔时代已经有一百多年了，但是他的交易思想丝毫没有过时，时至今日仍被人们争先恐后地效仿。利弗莫尔不同于当代高起步的股神巴菲特。很多人觉得巴菲特离我们很遥远，因为高起步就几乎淘汰了所有人。但利弗莫尔是白手起家的，他以草根上位，最终成为那个时代的“股市之王”。利弗莫尔的经历更贴近大众，所以这也让普通大众看到了希望。由于他的交易方式更适合普通大众，所以其交易理念经久不衰！

利弗莫尔的成就可以说是前无古人后无来者。1929年美国联邦政府财政收入只有40.33亿美元，利弗莫尔1929年的获利就达到了1亿美元，折算到现在，至少相当于1 000亿美元。这样的成绩，甚至是时下最负盛名的金融投机家乔治·索罗斯也难以望其项背。在乔治·索罗斯40年的投机生涯中，其个人累积的净资产还不到100亿美元。

纵观整个金融市场的历史长河，比利弗莫尔学历高的人很多，比他经验丰富的人也不在少数，比他涉猎更深的也大有人在，为何独独利弗莫尔能创造从5美元到1亿美元的历史传奇？原因主要有四点，分别是勤奋学习、独立思考、拥有耐心和革命性的交易思想。

1.2.1　勤奋学习

投机成功只有一条路——辛勤工作，不懈地努力工作。如果随便都能赚到钱，没人会想着给我——这一点我心里清楚。

在投机和投资事业里，成功只属于为之尽心尽力的人，这句话说多少次都不过分。即使钱从天上掉下来，也不会有人非要把它塞进你的口袋。

——利弗莫尔

在利弗莫尔的书中，他通篇反复强调这样的观点：想要从投资中获益，必须尽心尽力地学习和总结规律，并持续认真地对市场进行研究分析。勤奋学习绝对是通往成功必不可少的环节。

一方面，市场是非常复杂的，潜在的知识和规律非常多，他认为交易是艰难且需要恒心的行业。投资者要么全心投入，要么很快亏损殆尽。人们可以偶尔幸运地在一只股票上获利，却不能永远打败华尔街。当大家学得越多，越会发现自己的无知，就越明白在股票市场上“停止学习，不思进取”

就是自取灭亡。

另一方面，市场虽然看起来是随意波动的，但它确实存在一定的模式，具有内在规律性。利弗莫尔很早就发现“华尔街没有什么新东西，今天在股市发生的一切，以前都发生过，未来也将不断地重演”。市场中的投资者过去和今天基本上没有什么差别，股票投机游戏的基本规则不会改变，人性也不会改变，所以潜心地学习研究是有意义的。如能找到其中基本的规律，就能借此获利。

比如，利弗莫尔在从事报价员工作的时候，通过在随身携带的本子上记录股价，从中总结出了股价区间振荡的规律，并以此作为预测的依据。当他每次预测错误的时候，总是会反复思考和总结，因此他的振荡交易系统不断精进，预测概率也不断提升，以至于在对赌行的超短线交易中，几乎总能百战百胜，让全美的对赌行闻风丧胆。强悍的短线获利能力，也成了他关键点理论中最耀眼的地方。即使是后来的顺势长线交易，他依旧保持着一买就赚的特点。交易一开始就有账面利润，能让他以更大的耐心和勇气对抗市场的短期波动，从而让他顺利地在大规模运动中大赚一笔。

1.2.2 独立思考

一个人必须相信自己，才能在这个行业生存。我从不接受别人的点子或内幕消息，我的经验告诉我，没有任何人的点子或内幕消息能给我比自己的判断更多的利润。

通过仔细观察图表，研究市场本身的行为（股价变化、成交量变化等），并结合市场的时间因素，就有能力发现许多关键点，并通过关键点建立头寸，以等待市场的快速运动。但是，一定要自我训练，充分认识到借助关键点去交易是需要有耐心的。你必须投入时间去研究，必须亲自动手。唯有用心体悟，你才会发现，研究关键点的过程就像挖掘金矿。这项工作如此迷人，几乎令人难以置信，你将从独立判断的成功交易中体会到一种快乐和满足。

——利弗莫尔

独立思考和勤奋学习一样，在利弗莫尔的书中都被反复提及，反复举例强调其重要性。

利弗莫尔从14岁接触股市开始，他都是依靠自己对行情数据的观察和分析进行交易，独立思考，从不相信小道消息。通过自己的思考和观察，他发现股价经常会出现相似的波动。根据这些重复出现的规律，他从中总结出了关键点理论。

在第一次交易伯灵顿股票时，即使同事告诉他有内幕好消息，但他依旧选择相信自己，并没有把消息作为交易的依据。他根据自己总结的经验，只有从价格记录本上看到伯灵顿股票真的显示要上涨时，才出手交易。这种独立思考的习惯，让他进步神速，交易方法快速得到完善。至少他不会像其他人那样，靠听取小道消息交易且总是赔钱，这让他少走很多弯路。

大家都知道，金融市场中，机构和散户永远是对立的，机构赚钱是市场亘古不变的定律。散户往往是非理性的，这给了机构可乘之机。机构会利用自己的信息优势，在消息出来之前提前布局，当消息传到散户耳中时，他们就反向操作，从中获利。利弗莫尔很早就知道这一点，所以他认为小道消息是没有任何作用的，应该始终紧盯市场，市场走势是怎么样就是怎么样，只有市场永远不会骗人。

对于不喜欢独立思考的投资者，就算交易时间再久，也积累不了任何有用的经验，因为他获得的基本都是错误的想法和经验，那么赚钱就无从谈起。在对赌行的工作，让利弗莫尔深谙此理，所以他一直坚持自己独立判断，从不听信小道消息。在偶尔一次听信“棉花大王”看似精明的小道消息导致交易破产之后，他更加确信独立思考的重要性。

独立思考在利弗莫尔的整个交易生涯中具有重要的地位。正因为他独立思考的习惯，才鞭策他不断地学习，不断地摸索市场，从而总结出很多有价值的经验。这些经验都是市场中其他人没有发现的，且多是与大众认识相反的，他由此建立起具有革命性的交易方法。

1.2.3 拥有耐心

每当我失去耐心，不等关键点击破，而仅仅为了一点蝇头小利入场的时候，最终的结果就是亏钱。

——利弗莫尔

这是利弗莫尔强调最多的一点。他认为，在长线交易中，除了知识以外，耐心比任何其他因素更为重要。耐心和知识是相辅相成的，优秀的投机家们总是在等待，总是有耐心，等待市场验证他们的判断正确的最佳时机。

时机因素对于利弗莫尔的关键点交易法非常重要。任何一个投资者都应该耐心等待最好的时机因素出现，然后才能去交易。市场总是起起伏伏，涨涨跌跌，但并非所有波动都能赚到钱，必须要给自己制定规则，过滤掉小的波动，耐心等待市场给自己送钱的机会。

一旦进入市场，就不要过快地卖掉赚钱的头寸。当你的头寸处于盈利时，就表明自己的判断是正确的，就要大胆耐心持有。对于一件正确的事情，更应该加码押注，而不是见到蝇头小利就跑掉。要学会赚大钱，而大钱永远只存在于市场大规模的运动之中。

耐心是投资中非常重要的品质，甚至比头脑和知识更加重要。一旦交易者失去耐心，情绪就会失控，容易冲动交易，让自己陷入麻烦之中。如果你不耐心等待成功的到来，那么你将不得不耐心承受一生的失败。

1.2.4 革命性的交易思想

革命性的交易思想，这是利弗莫尔能成功加冕“股市之王”最重要的原因。在20世纪，股市还处于一片蛮荒时代，投资者都是毫无章法，毫无逻辑，不分析市场，没有任何规则地胡乱交易，所以亏损也是家常便饭。而他在对赌行工作的日子，领悟到逆向思维赚钱的根本原理。在他了解了对赌行具有95%的赚钱概率之后，就明白了华尔街不会变，股票不会变，人性永远不会变的道理。基于此，他从不与人交流，不随大流，因为他明白，和对赌行一样站在大众的对立面，也就是站在人性的对立面，就有高概率赚钱的把握。

人性的弱点永远存在，交易最重要的阻碍就是人性，而人性永远不会变，所以反人性的交易方法永远是赚钱的方法。哪怕时至今日，反人性依旧是投资市场的真谛，因为现在的人也没变。

从现代所有优秀的交易方法中，几乎都能找到利弗莫尔革命性交易思想的影子。利弗莫尔革命性交易思想主要有以下几点。

1. 逆向思维

华尔街永远不变，口袋变了，股票变了，华尔街却从来没变，因为人性没变。

如果已经尽人皆知了再采取行动，那就只能错失良机了。

——利弗莫尔

逆向思维，逆情绪，是金融市场运行的主旋律。利弗莫尔认为，大众总是想要有人领导、有人指挥、有人告诉他们怎么做。他们总是集体行动，成群结队，觉得待在人群里才安全。如果持相反意见，就感觉犹如一头小牛，独自站在荒凉无人、野狼出没、危机四伏的草原上。利弗莫尔总是会留意市场的变化，随时准备脱离大众的想法，朝着相反的方向交易。而利弗莫尔往往都是对的，因为胜利总是属于少数。比如，利弗莫尔喜欢在突破关键点时买入，而在利弗莫尔那个时代，在股价创出新高的时候买入，以及在股价创出新低的时候做空，还只是少数人认同的观点。

1906年旧金山地震前夕，市场气氛一片高涨，身边的朋友都在重仓买涨，而利弗莫尔却反向连续做空。朋友对他冷嘲热讽，认为他脑子进水了。然而没过多久，在地震的影响下，股价出现暴跌，市场一片狼藉，局面惨不忍睹，独他获利丰厚。

比如，当代股神巴菲特的名言——“在别人贪婪时恐惧，在别人恐惧时贪婪”，这就是典型的反向思维。在20世纪90年代初，美国西海岸陷入严重衰退的阵痛之中，各家银行因为市场担忧其商业和住房抵押贷款业务而惨遭抛售。当时富国银行的暴跌程度最为惨烈，短短数月跌幅高达50%。巴菲特则在一片哀鸿声中逆势买入，结果大赚特赚。

再比如，现代投机大师索罗斯的反身性理论，也是运用逆向思维的典型。反身性观点是指我们每个人的世界观都是有缺陷和扭曲的，因此我们对现实的理解是不完全的。我们的不完全认知是影响事件的一个因素，而被扭曲认识影响的事件又反过来影响我们的认知，这个过程就是一种反身性过程。反身性理论认为，投资者要对市场未来走势做出准确判断，把握好由量变到质变的临界点，在市场的转折处进行投资，然后一直坚定地走下去。这一点与利弗莫尔关键点的交易思想如出一辙。反身性理论最重要的实用价值，就在于发掘过度反应的市场。

2. 顺势交易

一个大走势的起点可能是大户操纵和金融家玩游戏，但大势的持续必有其内在的原因，这内在的力量是不可抗拒的，无论谁怎么反对它，反映这内在力量的大走势一定会从头走到尾。

——利弗莫尔

通常人们在做某件事的时候，总是想着要证明自己，力图去战胜对方。而顺势交易的主旨是要顺从市场，屈服于市场。因为市场有自己的生命，市场永远正确，错的永远是交易者。在趋势面前，如果逆市交易，纵使有再高明的想法，都是螳臂当车。

一方面，利弗莫尔认为，优秀的投机家总是在耐心地等待市场证实他们的判断。无论交易者使用什么方法分析市场，都不要武断地相信自己，不能过于偏执而步入误区，当预判与市场走势不一致时，个人意见一文不值。我们今天所说的“技术控”就是一味地钻进技术里面，丧失最基本的客观思想，总想凭一己之力，让持有的头寸乖乖地朝自己想要的方向发展。这样是难以赚钱的，因为市场不会管你分析得对不对，市场对不对由它自己说了算，是上涨就是上涨，是下跌就是下跌，不会被任何东西阻挡。基于此，交易者应该谋定而后动，依据市场最小阻力方向来判断趋势，交易方法要与总体市场保持一致，在行情明显看涨或看跌的时候顺势出手。

另一方面，在与散户多年的交流中，笔者也明显感觉到利弗莫尔所说的观点是正确的。投资者们一般都喜欢每天买卖，希望像做其他工作一样，每天都能拿一笔钱回家。但是任何人都不可能有足够的理由和知识使他每天的买卖都是理性的，每个人都可能无法避免亏损，甚至有的交易者罔顾市场走势，全凭感觉杀进杀出，最终导致亏损累累。

根据市场不可测定理，没有人能抓住市场所有的波动，尤其是日内杂波。赌博和投机的区别在于，前者是对市场短期波动甚至是杂波的押注，后者则是等待市场不可避免的升和跌。要想稳定地赚大钱，必定是大波段的顺势交易。

交易获利不是你胜过了市场，而是你顺应市场时市场给你的奖励。顺势交易违反了人们的常规思维，所以是具有革命性的交易思想。利弗莫尔也因此被认为是趋势交易的开创者，影响了一代又一代人。

比如，美国著名期货专家斯坦利·克罗，就是趋势交易的追随者，其交易核心思想就是辨别市场的重大趋势，并且顺势交易。他的交易策略是依据趋势发展制订交易方针和方略。他继承了利弗莫尔的思想，认为钱是“坐”着等市场给你送来的，不是靠操作赚来的。交易者大可以用极其简单的策略，等待趋势信号到来，然后长线投资，让趋势成为你的朋友。简单的策略不代表是低级策略，而是行之有效的简明扼要的操作方法，剔除了繁复而无用的成分。

利弗莫尔是用最小阻力线来判断趋势方向的。在每次交易前，他都要先查看当时的市场总体运行状况，某一个特定板块和某一只股票的最小阻力线，确定其是积极还是消极，抑或是中性的，如图1–1所示。这与现代趋势线理论基本一致。

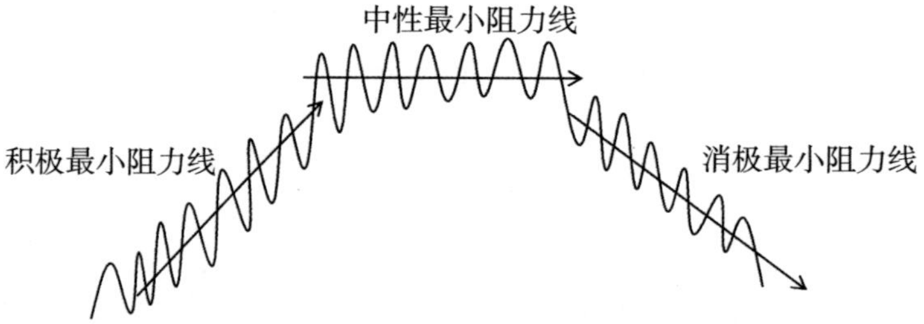

图1–1

3. 盈利加仓

我只在升势的时候买股票，此时我才觉得舒服。我每多进一手，都一定较上一手的价格更高。

记住，股票从来就没有太高了不能买或太低了不能卖这回事，但进场后，如果第一手没给你利润，别进第二手。

——利弗莫尔

盈利加仓是利弗莫尔整个交易体系的点睛之笔，也是最具革命性的一点。人性是不愿意接受亏损的，所以一旦出现亏损，都是倾向加仓平摊亏损，以图更快地回本。过分关注怎么保本不亏，而忽略要去争取更大的报酬，这是最愚蠢的做法。

小亏损是交易不可避免的需要付出的成本。既然付出了，那就只看回报，而不要想着拼命平摊那一点点小亏损。既然你死活不想亏一分钱，那么你就死活不会赚到一分钱。

行情是有趋势的，在亏钱的头寸上加码，往往容易扩大错误，导致亏更多的钱。而在赚钱的头寸上，一般投资者都不敢加码，因为加仓的价格越来越高，这是人们绝对不能容忍的，因为谁都想捞便宜货。

利弗莫尔强调不要与自己较劲，不要胡思乱想，行情告诉你怎么样就是怎么样。应该在赚钱的头寸上加码，因为这是在正确的事情上加注，只会扩大你的战果。

4. 关键点交易法

我之后交易逻辑的要点就是，只参与那些突破关键价位的行情。只要我有耐心，那么参与这种突破行情是一定能够赚钱的。

——利弗莫尔

那个年代，人们大多数是靠小道消息或者基本面指导交易，对技术交易一无所知，甚至认为是一种骗术，因为大家觉得“技术”这种东西令人难以置信。利弗莫尔却认为行情是有规律的，趋势有其自己的生命，行情会根据特定的模式重复运行，所以他才认为“华尔街永远不会变”。

利弗莫尔的关键点交易法是一种技术分析，是在市场关键价位交易，包含了现代技术分析中支撑、阻力和行情爆发点这些概念。作为技术性的关键点，能让他在最精准的位置进场，在行情刚刚启动的时候进场，这样可以大大促进他的心态。因为一开始账面就出现利润，能让他不必担心市场出现的反抽逼迫他承受浮亏的心理压力，而是能帮助他安心地持有头寸，直至行情朝着对自己有利的方向大幅运行。

关键点突破交易和盈利加码一样，是越贵越买的交易行为，因此是一种反人性的交易方法，因为普通人一般都喜欢买便宜的东西。而市场恰恰具有趋势效应，当趋势来临时，上涨是不可阻挡的，那么价格也只会越来越高。

第二章
关键点的种类

真正从投机买卖中赚得的利润，其实都是来自那些从头开始就一直盈利的头寸。

——利弗莫尔

精确而又具有高概率的买点，是利弗莫尔关键点最具特色的地方。他认为买入就要有盈利，只有现实的账面利润才能坚定持股的信念。如果一开始没有盈利，说明你的方向很可能错了，更严重的是你的心态会因为头寸遭受威胁而变得脆弱，那么无论方向对错，都将很难从这笔交易中获利。

关键点是利弗莫尔交易法则的核心，其优势在于不必先入为主，不必忍受漫长的盘整期，出手瞬间就是股价加速上行或下行的临界点。利弗莫尔认为关键点就是股市基本方向改变的时间点，也即新方向启动的时间点。

利弗莫尔一共指出六种关键点，分别是高低点关键点、新高和新低关键点、历史新高和历史新低关键点、整数关键点、延续关键点和反转关键点。其中持续关键点和反转关键点是从性质上分类的，包含高低点关键点、新高或新低关键点、历史新高或新低关键点和整数关键点。

2.1 高低点关键点

高低点是利弗莫尔在对赌行时发现的关键点。他在记录股价的时候，慢慢发现股价数字都是按照一定的模式不断重复，因此认为股价走势应该也是符合物理原理的，也就是一个运动的物体会保持原方向运动，除非在遇到阻力时，才会停止或者改变运动的方向。

利弗莫尔观察到，这些重复的模式中，每当股价遇到阻力就会反向运动，他根据该规律提炼了一套双向交易系统，多空操作应对自如。根据利弗莫尔发现的行情运动规律，结合现代金融知识，我们可以知道，振荡行情中的高低点就是他所说的关键点。

2.1.1　高点关键点

利弗莫尔的高点关键点卖出法则是：在上升期，当股价形成一个高点后开始回落，并经过一段时间的窄幅振荡，但是下行有限，股价随后再度回升出现卖点。此时分为两种情况。

第一种情况是股价未突破前期高点，在高位附近就开始回落且超过3点（以40元为例，股价回落3元），此时就应该卖出，如图2–1所示。

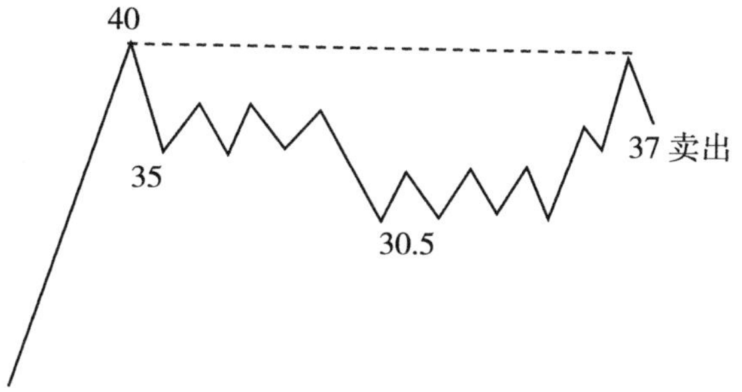

图2–1

第二种情况是股价升穿前期高点，但是并未突破3点，随后再度回落超过前期高点3点，此时就应该卖出，如图2–2所示，这种情况现在称为破顶翻。

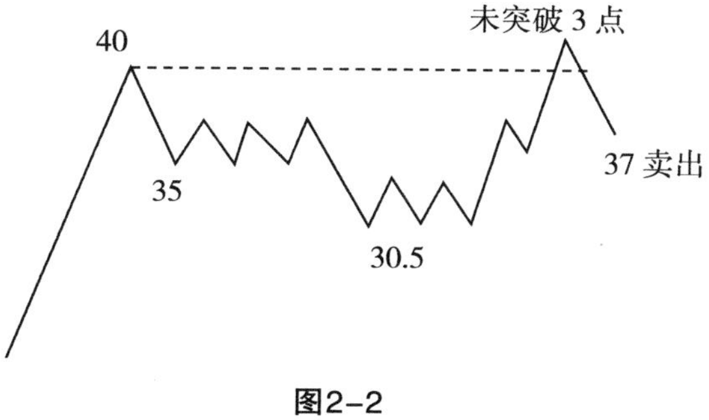

图2–2

2.1.2 低点关键点

利弗莫尔的低点关键点买入法则是：在下降期，当股价形成一个低点之后开始反弹回升，经过一段时间的窄幅振荡，但是最终反弹无力，股价再度下跌出现买点。此时分为两种情况。

第一种情况是股价未跌破前期低点，在低位附近就开始回升且超过3点（以40元为例，股价回升3元），此时就应该买入，如图2-3所示。

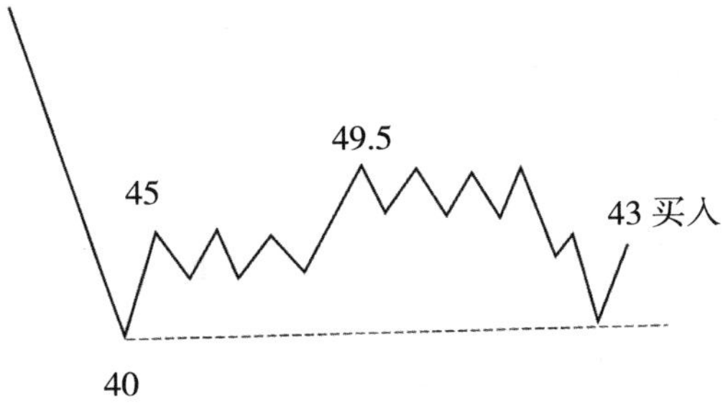

图2-3

第二种情况是股价跌穿前期低点，但是并未跌破3点，之后再度回升超过前期低点3点，此时就应该买入，如图2-4所示，这种情况现在称为破底翻。

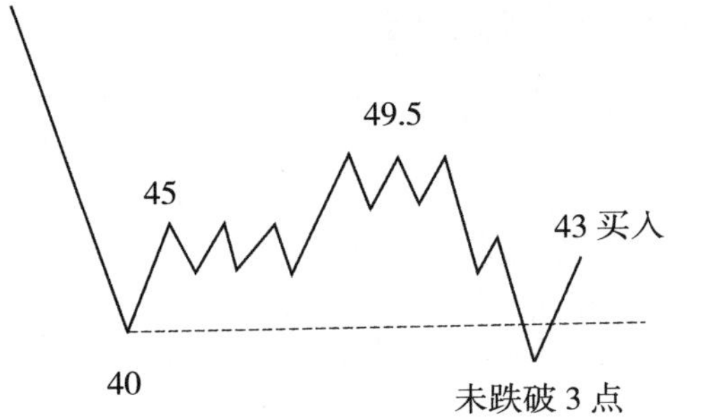

图2-4

总结：如果将振荡期的高低点连线，很显然可以得到一个价格区间，这就是现在所说的区间振荡形态，如图2-5所示。

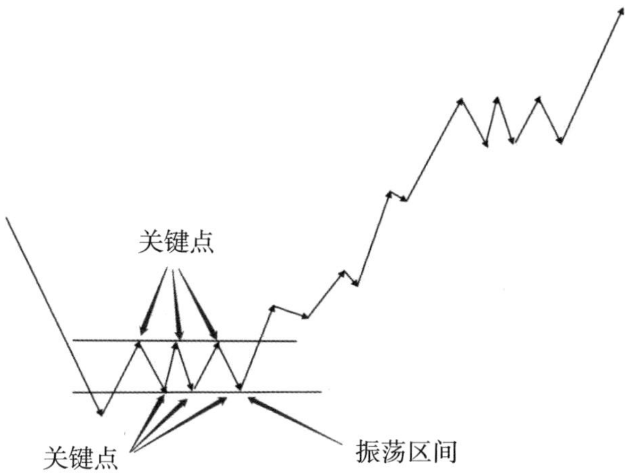

图2-5

按照区间振荡的走势，在下轨附近买入，上轨附近卖出，就能反复获利。虽然在股价突破区间的时候可能会亏损，但是行情一般会反复振荡很多次，所以获利的次数总会比亏损的次数多。在对赌行设有亏损10%即“平仓”的规则之下，利弗莫尔往往能做到盈亏比相当，从而让他时常盈利，由此导致波士顿对赌行对他敬而远之。

2.2　新高和新低关键点

且慢！耐心！一定要等这只股票活跃起来，等它创新高。

——利弗莫尔

新高和新低是利弗莫尔在华尔街交易之初发现的关键点。

刚开始在华尔街正规交易所买卖股票的时候，利弗莫尔屡屡失败，但是他从不言弃，几度杀回华尔街。回到华尔街后，他不是继续冲动地盲目交易，而是经过反复分析与总结，认识到只有做长线交易才能规避华尔街交易机制对其短线操作的不利影响。同时他发现当股价突破高低点时，股价会进一步涨很多或者跌很多，因此他将自己的交易规则进一步修改，提出创新高、新低关键点买卖法。利弗莫尔认为，创新高是重要的时机点，股价一旦创了新高，就代表其摆脱了上方的卖压，后期最小阻力线将强势上扬。

2.2.1 新高关键点

利弗莫尔的创新高关键点买入法则：股价一段时间内在某个区间振荡，一旦股价突破振荡期的所有高点，则买入，如图2–6所示。

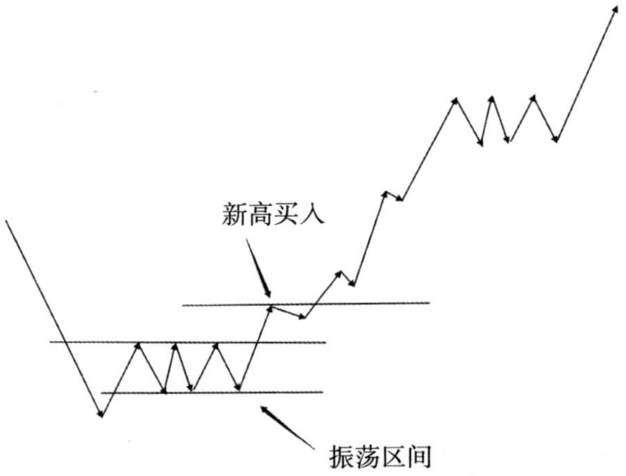

图2–6

2.2.2 新低关键点

利弗莫尔的创新低关键点卖出法则：股价一段时间内在某个区间振荡，一旦股价跌破振荡期的所有低点，则卖出，如图2–7所示。

如图2–6和图2–7所示，创新高、新低关键点买卖法虽然买卖次数减

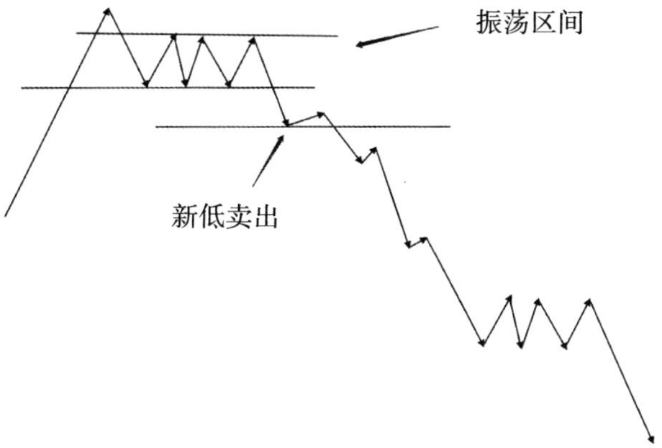

图2–7

少，但是获利明显远远大于区间振荡操作。这是利弗莫尔交易系统重大跃进的一步，从此他不再关注蝇头小利，而是专注于怎么赚大钱，从而演变成了趋势交易者。

2.3　历史新高和历史新低关键点

一只股票上市时可能以50、60或70美元每股的价格开盘，随后因为被抛售套现而下跌20点左右，此后在最高点和最低点之间维持了一年或两年。后来，如果有一天该股票成交价向下跌破前期历史低点，则很可能形成一轮幅度巨大的下跌行情。为什么？这说明该公司内部必定在某个地方出了岔子。

——利弗莫尔

利弗莫尔认为，当某个公司股价创了历史新高或新低的时候，必定是该公司内部发生了实质性的变化。一旦某公司股价创了历史新高或新低，则等到该股票触及全新高位的那一分钟再买进，这通常是一个稳妥的策略。

2.3.1 历史新高关键点

历史新高关键点是指当股价升穿历史高点后，那么股价很可能形成一轮巨幅上升，如图2-8所示。比如某公司发生了利好事件，催动股价大涨且创历史新高，则后市将会上涨更多。

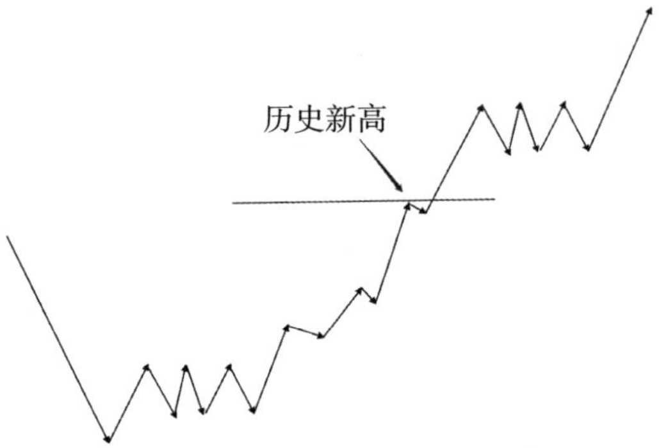

图2-8

2.3.2 历史新低关键点

历史新低关键点是指当股价跌穿历史低点后，那么股价很可能继续大幅暴跌，如图2-9所示。比如某公司发生了利空事件，催动股价大跌且创历史新低，则后市将会下跌更多。

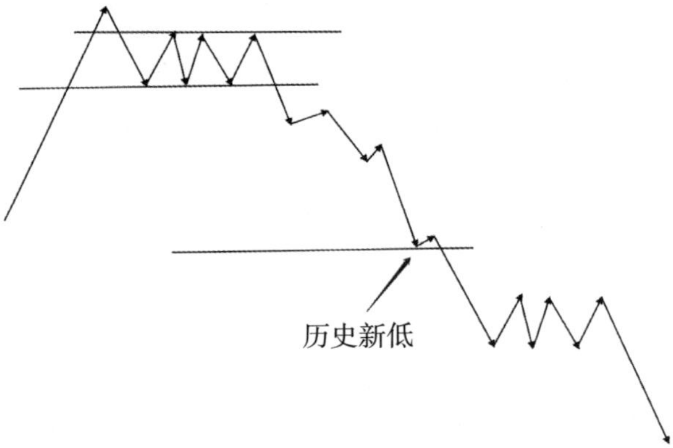

图2-9

2.4　整数关键点

多年以前，我已经开始通过这种最简便的关键点交易法来盈利。我常常观察到，当某只股票的成交价位于50、100、200甚至300美元时，一旦市场穿越这样的点位，随后几乎总会不可避免地发生直线式的快速运动。

伯利恒的故事还没有讲完。在200美元、300美元，我依葫芦画瓢；到了令人眩目的400美元，我还是如法炮制。

——利弗莫尔

整数关键点是指当股价首次越过像50、100、200、300等这样的整数价位的时候，就是利弗莫尔关键点入场的时机，因为随后股价往往都会几乎不可避免地直线拉升。用现在的理论解释就是，因为大众偏好，人们一般喜欢整数，所以总会锚定股价整数关口进行交易。比如，某个投资者在103元买入股票后，他往往会喜欢将止损设置为100元整数关口。如果现价是108元，那么他也很可能在100元整数关口挂单买入。

如图2–10和图2–11所示，在股价运行过程中，一旦股价跌破或者涨破整数关口，都倾向于进一步大跌或大涨。

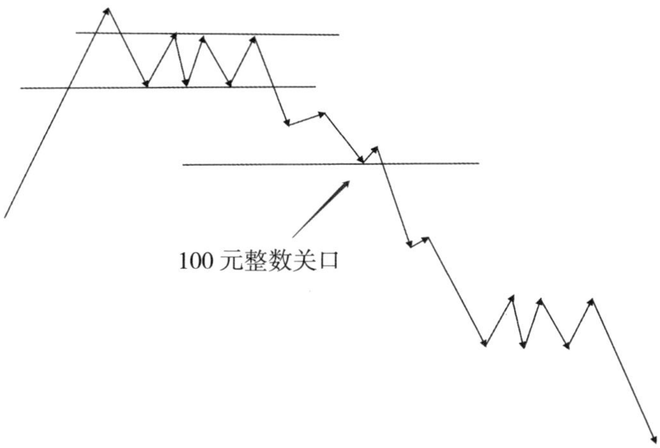

图2–10

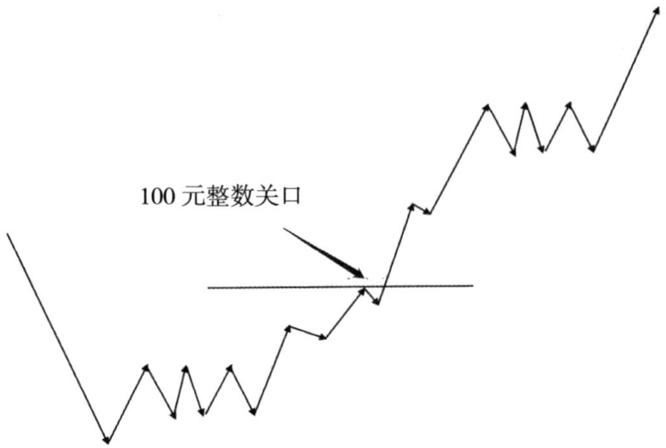

图2-11

利弗莫尔第三次破产之后，仅凭借500股的信用额度，在伯利恒钢铁的操作上快速起死回生，大赚了50万美元。在这波操作过程中，利弗莫尔运用的正是整数关键点。当时伯利恒钢铁股价飞速上升，很快来到100美元附近。利弗莫尔坚信一旦股价突破100美元，其后必将一飞冲天，因此他果断买入该股票。事实正和他判断的一样，伯利恒钢铁突破100美元之后，迅速冲到145美元，让他快速获利。之后他如法炮制，在200美元、300美元和400美元整数关口突破的时候，不断买入股票，最终都取得了胜利，将盈利装进口袋。

2.5 延续关键点和反转关键点

你必须认识到，一旦出现了“趋势反转的关键价位”，整个大势就改变了。还有一种关键价位，叫作“证明趋势延续的关键价位”，后者能确认行情仍然在延续。

——利弗莫尔

关键点是利弗莫尔交易的重点之一，这种交易技巧在20世纪20年代和30年代早期，基本上还没有哪个股票投机理论正式提出过。关键点就是定时技术，利弗莫尔以此来决定何时进入和退出股市。对于长期趋势变化发生在底部还是在顶部都无所谓，利弗莫尔的关键点都可以很好地把握，因为他既有判断行情延续的“延续关键点”，也有判断行情反转的“反转关键点”。

2.5.1　延续关键点

在上涨过程中，延续关键点是指股价朝着原先的方向突破关键点，先前的盘整只是为了下一轮更好的上涨，并且往往都伴随着成交量的放大。下跌情况同理。

利弗莫尔对于行情延续的观点是指，在股价上升过程中，都会伴随着小规模的调整，随后行情会再次上涨，收复回调整理的失地，并且会继续进入更高的价格区域，然后行情会再次进行调整。任何股票趋势明确的状态，都是按照该形式不断地重复演变，且每次调整都保持最小阻力线方向不被破坏。延续关键点往往发生在调整结束，股价向上突破的时候。下跌行情反之。

大家可以看到，利弗莫尔的思想的确超前，一百年前对行情运动方式的理解，基本符合现在流行的波浪理论和趋势理论。

如图2–12所示，当股票经过一轮上涨后，价格在一个平台进行整理，随后继续向上突破振荡区间，行情延续上涨，此时价格创出的新高关键点就是延续关键点。

如图2–13所示，当股票经过一轮下跌后，价格在一个平台进行整理，随后继续向下跌破振荡区间，行情延续下跌，此时价格创出的新低关键点就是延续关键点。

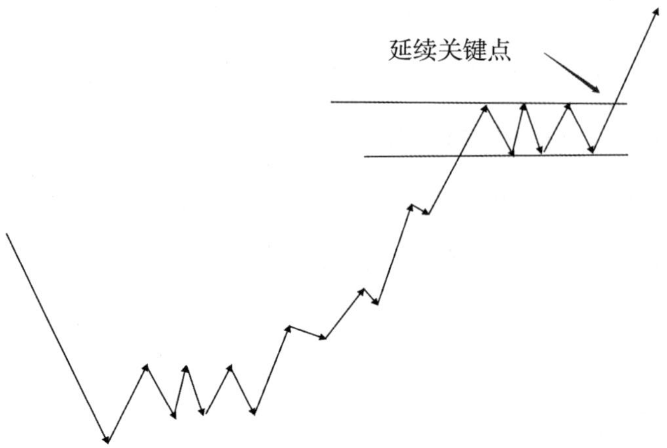

图2-12

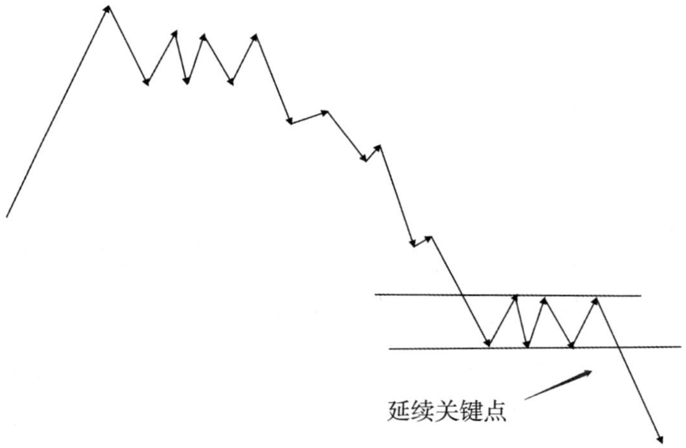

图2-13

2.5.2 反转关键点

反转关键点是指股价见底或者见顶之后向相反方向运动，这是利弗莫尔最中意的关键点，也是最好的交易时机。利弗莫尔总是喜欢在股市一片高涨的时候反向砸空，所以被称为20世纪股市的“空头之王”。第一次是1907年的“大恐慌”中，他反向做空股市赚了300万美元；第二次则是1929年的“大萧条”中，他再次反向做空股市，豪赚1亿美元。

在下跌过程中，反转关键点往往伴随着交易量巨幅增加，买盘升至高峰，卖盘却非常稀少。这是买方和卖方之间博弈的结果，预示着股市转折的开始。上涨情况反之。利弗莫尔认为，如果想要赚大钱，一定要耐心等待反转关键点的到来，因为此后出现的往往是长期反转的大行情。

如图2–14所示，当股票经过一轮下跌后，价格向上突破振荡区间，行情转势上涨，此时价格创出的新高关键点就是反转关键点。

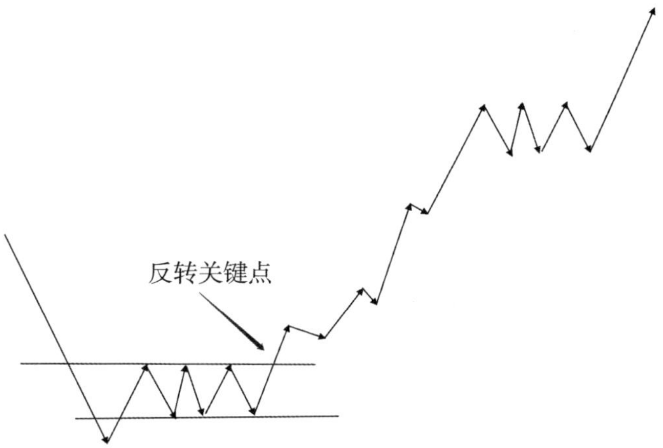

图2–14

如图2–15所示，当股票经过一轮上涨后，价格向下跌破振荡区间，行情反转下行，此时价格创出的新低关键点就是反转关键点。

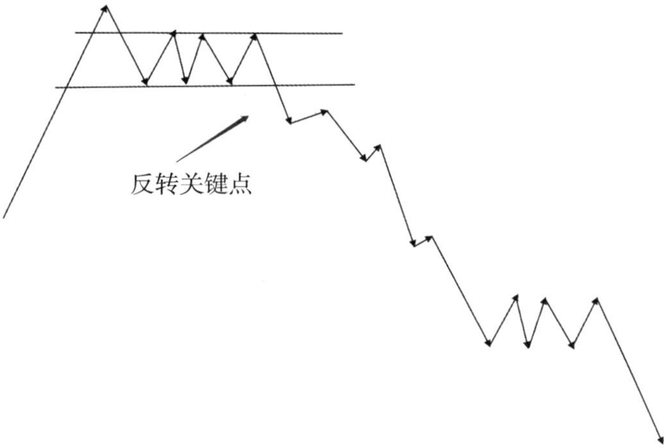

图2–15

第三章

关键点的时机因素

在你买入或卖出前，你必须仔细研究，确认是否是进场的最好时机。只有这样，才能保证你的头寸是正确的。

——利弗莫尔

时机因素是指什么时候出入场是最好的。在《股票大作手操盘术》一书中，利弗莫尔着重强调了时机因素对于关键点的重要性。关键点具有两个方面的特点：第一是一买就涨；第二是买入点往往都是股价开始暴动的关键时刻。其中第二点正与时机因素有关。

时机因素的作用比较多，比如，时机因素可以减少行情振荡对交易者的折磨。利弗莫尔强调一定要耐心等待时机到来，等股票活跃起来，等其创新高再介入。如果过早入市，那么持久的振荡会把交易者折磨得疲惫不堪，最终无论对错，都难以从中获得任何收益，而时机因素恰恰可以解决这一问题。再比如，时机因素可以告知风险，让交易者及时采取行动，减少损失。利弗莫尔在其书中讲到，一旦行情朝着不利的方向运行，则必须谨慎关注卖出时机。

根据利弗莫尔在书中的描述，可以把时机理解为交易对的行情、交易关键点确认的行情、交易行情启动的时刻和交易最活跃的行情这四个方面，基本上来说，所有的时机因素都离不开这四个方面。

利弗莫尔认为，关键点就是股市改变基本方向的时间点，即新动向发生的时间点，所以关键点本身也是时机因素之一。除了关键点，利弗莫尔所谓的时机因素还包括以下九个方面，分别为大势时机、板块时机、关键点确认时机、止损时机、浮盈加码时机、成交量放大时机、一日反转时机、逆情绪时机和估值时机。

3.1 大势时机

在交易之前，你要明白的最基本的事情是整个大势何去何从，是向上、向下还是振荡。

——利弗莫尔

大势时机是指利弗莫尔在利用关键点交易之前，总会先查看市场的最小阻力线，包括大盘最小阻力线和个股最小阻力线。

大势时机主要有两方面的作用。其一是保证交易方向和最小阻力线一致，市场最小阻力线向上就做多，市场最小阻力线向下就做空。一定要跟随大趋势操作，顺势而为。其二是保证交易方向顺着大盘运行的方向。

其中第二点，用现在的观点解释就是，大盘是整个市场的风向标，在牛市的时候，个股大多都会涨，在熊市的时候，个股大多都会跌。顺着大盘的趋势交易，无疑更容易赚钱。

买股看大盘趋势，主要有以下三个作用。

3.1.1 宏观投资环境

大盘好坏直接受宏观经济环境制约，比如，当经济周期性向下的时候，经济萎靡容易拖累大盘进入熊市，个股也是跌多涨少；当经济周期性向上的时候，大盘容易受经济扩张的推动而上涨，个股也会是涨多跌少。这个道理很简单，当大盘趋势向上的时候，个股普遍会上升。在90%的股票都大涨的市场中交易，那么你本身就具有了90%的高概率。假如你自身选股获胜概率是80%，那么根据概率乘法原理，你最终交易获胜的概率就会是72%。当大盘趋势向下的时候，个股普遍在下跌，在只有20%的股票上涨时选股，你本身就只有20%的低概率，假如自身选股获胜概率还是80%，根据概率乘法原理，你最终交易获胜的概率只有可怜的16%。

由此可以看出，炒股顺大势非常重要，这样可以帮交易者规避系统性风险。投资环境是保证投资收益的基本条件，投资环境不好，任凭选股技术再高超，最终的结果都乏善可陈，这也是大家看到的为什么在熊市时，经常出现知名基金管理人或者某个投资牛人暴雷的原因。即便是华尔街大佬也一样，每次大熊市的时候，总会有不少人跌落神坛。

3.1.2 市场资金走向

大势反映了主流市场资金的流向，而主流资金的流向代表了交易的方向。股价上涨是由于资金推动的，当大盘上涨的时候，表明资金不断流入，那么个股也就容易上升。当大盘下跌的时候，表明资金不断流出，那么个股也就容易下跌。

对于机构来说，顺大势操作能节约操盘资金，机构操作起来更容易。当大盘下跌的时候，个股买升动力减弱，这时候向下砸盘的成本很低，只要用少量筹码，就可以将关键点位砸穿，引发股价大跌。当大盘上涨的时候，个股卖压减弱，只需要较少的筹码就可以突破关键点位，引发股价大涨。

注意：大盘走势和资金流入数量正相关的这种情况并不是绝对的。有时候也会出现指数上涨、资金流出的现象。其主要原因是上证指数是根据较大权重的一揽子股票设计的。这些权重股的涨跌对指数的影响非常大，其他权重小的股票的涨跌对指数走势影响小。

资金少量流入权重股，大量流出权重小的股票，就会引发指数上涨、资金流出的情况。这种情况一般发生在大资金布局权重股，而其他资金对股市并不看好，选择流出的时候。这种现象说明多数人对市场并不看好，仅仅是机构在布局权重股，从而支撑着大盘。比如，2017年大盘一直很稳定，但是大部分股票却表现出跌跌不休的走势，而很多权重股像贵州茅台、格力电器等一直都在飙升。

3.1.3 市场投资者预期

在交易过程中，我们要努力聆听市场的脉搏，而整个市场投资者的行为就是最大的脉搏。炒股就是人性博弈，市场投资者的预期决定股市的整个走向，这是股市最大的洪流，任何人都难以与之抗衡。当市场预期高涨的时候，很容易推动股市大爆发；当市场情绪低迷的时候，很容易发生踩踏。

如果我们能准确把握市场投资者的情绪，根据反身性原理，在市场情绪极度低迷或极度狂热的时候反向操作，往往都能获取超额收益。利弗莫尔也说过这一点，他总是时刻准备逆着大众的方向交易，而且他也是这么做的。在美国两次经济危机中，他都是逆着市场狂热的情绪反向大手笔做空，从而赚取了大量利润。

3.2 板块时机

如果你准备交易美国电报电话公司的股票，那么就应该去看通信板块；如果你准备交易哈里伯顿公司的股票，那么就应该跟踪石油钻井板块；如果你准备交易哈拉娱乐公司的股票，那么就应该跟踪博彩板块。总之要确认相关板块的走势跟你交易的方向一致，这样的话，如果行情沿着最小阻力线发展，就能够给你准备进行的交易带来利润。

——利弗莫尔

板块时机是指通过分析板块运动特征，来提高关键点交易的胜率。利弗莫尔的板块理论，除了需要确认板块的最小阻力线方向以外，还有两个重点，分别为联动效应和龙头效应。

3.2.1 联动效应

联动效应是指股票一般不会单独波动，同一板块里的股票，往往会同涨同跌，产生共振效应。

如果美国钢铁上涨了，那么伯利恒钢铁、共和钢铁和坩埚钢铁等，也都会跟着上涨。同一板块中的股票，往往会受同一因素影响，所以当基本面利好美国钢铁时，同样也会利好钢铁板块中的其他股票。

根据联动效应，利弗莫尔在交易的时候，往往会选择两只相关联的股票，来观察它们的联动情况。当两只股票都出现了关键点，也就是利弗莫尔所说的“联合价格”，此时再去交易就是最好的时机，通常可以避开很多虚假信号，减少交易风险。所以，利弗莫尔认为要经常去关注不同的市场，以物色极具潜质的投资机会。

1907年美国股市崩盘时，利弗莫尔在每个板块中都至少卖空了两只股票，从中发现市场软弱无力，以此确认了市场最小阻力线向下。最后，他又发现雷丁这只股票走势不同寻常，股价一动不动。根据股票联动效应，这只股票最终也会跟随下跌，因此他大举卖空雷丁，从中暴赚近100万美元。

对于这种联动效应，在期货市场中，利弗莫尔运用的也是游刃有余。1907年，利弗莫尔在股市崩盘中大获全胜之后，本来准备去度假，却不小心做空玉米被套牢。为了能安全地从玉米市场中撤退，他没有继续押注玉米，而是采用打压燕麦的方式，导致交易商们纷纷借高价抛售玉米，以此救出了自己玉米的空头头寸，避免了250万美元的亏损。因为燕麦和玉米同是农产品，关联性非常高，所以这是一次联动效应在期货市场上的成功应用。

3.2.2 龙头效应

那些疲软的板块，碰都不要碰，选择强劲板块中的绩优股。

——利弗莫尔

利弗莫尔认为应该交易龙头板块中的龙头股，绝对不要碰绩差股，而是选择绩优股。龙头效应具有以下三个特点。

1. 赚钱效应

利弗莫尔认为，要关注当天的热点，把精力放在最有潜力的股票上。如果你不能在龙头股上赚钱，那么你的交易就不大可能赚钱。龙头股虽然价位很高，但是不代表它们不能继续上涨，应该摆脱买便宜股票的心理。那些便宜的股票往往代表着业绩差，今后也不会有好的表现。应该顺势而为，而不要看价格高低，市场告诉你怎么做，你就跟随着怎么做。

2. 引领板块

龙头股有引领板块的作用，当龙头股上涨的时候，板块中其他股票或迟或早都会跟随上涨。相反，当龙头股下跌的时候，板块中其他股票或迟或早都会跟随下跌。

3. 预测转势

在大盘转向的时候，往往都是龙头板块中的龙头股先发生转折。需要注意的是，龙头板块和龙头股往往会发生转换，引领上一次大行情的龙头板块和龙头股，往往不会成为下一次大行情的领头羊。

1929年的“大萧条”中，利弗莫尔就是发现龙头股开始上涨乏力，持续调整，他判断市场可能会有一场大的暴跌，因此他持续布局空头。在黑色的风暴之中，市场中很多人破产，而他却斩获1亿美元。

3.3　关键点确认时机

我发现，如果某只股票越过关键点后，缺乏后续的动力，那么市场很容易掉转方向，因此应当机立断，了结原有头寸。

——利弗莫尔

关键点确认是指观察股票突破关键点之后的表现。这种表现涉及关键点的两个特点：第一个是买入就要开始盈利；第二个就是买入后股价即开始大幅运动。

如果关键点突破后，股价并没有出现它应有的表现，那么这将是一个危险信号，因为缺乏后劲，市场很容易再度掉转方向，所以应当立即平掉头寸。

3.3.1　确认关键点的方法

确认关键点体现在利弗莫尔的行情记录中，具体是指“6点转向”“3点突破”和联动价格。

1. 6点转向

规则4(a)，当你开始在自然回撤栏记录数据时，第一天要同时在上升趋势栏最后一个数据下标两条红线。当市场发生回落行情且下跌幅度距离上升趋势栏最后一个数字约6点时，开始转换记录栏。

——利弗莫尔

“6点转向”是指股票在某个价格开始反弹或回落大致6美元左右，才能表明市场开始调整。调整并不意味着原先的趋势发生改变，市场依然保持着原有的趋势。利弗莫尔“6点转向”的作用是关注股票趋势调整的时机，下一步就是重点关注关键点的出现。注意，这一规则只适合30美元左右的股票。如果将回调的幅度折算成百分比，也就是回调20%左右。

2. 3点突破

规则5(a)，如果正在自然回升栏记录数字，最新到来的价格比自然回升栏内用黑线标记的最后一个价格高3点或更多，那么该价格就应当用黑墨水记入上升趋势栏。

——利弗莫尔

“3点突破”是指股票突破前期高点或低点达到3美元以上，才能确认突破成立。注意，这一规则只适合30美元左右的股票。如果将突破的幅度折算成百分比，也就是10%左右。

3. 联合价格

利弗莫尔分析股票，一般都会关注联动效应，他会关注同一板块中的两只股票，将两只股票的波动总和是否满足“6点转向”和“3点突破”作为重要的时机因素，这两只股票的波动总和称为联合价格。

比如，美国钢铁波动为5又$\frac{1}{8}$点，与此同时伯利恒钢铁波动为7点，那么这个联合价格就超过了12点，因此就是合适的幅度，可以确认行情开始调整。“3点突破”同理。

3.3.2 确认关键点的作用

确认关键点主要有两个作用：第一是可以避免假信号；第二是有助于捕捉重大行情。

1. 规避假信号

但是，如果仅仅依赖一只股票，就有卷入假信号的危险。将两只股票的运动结合起来，就能获得基本的保障。

——利弗莫尔

纵使市场处于明显的趋势之中，但是依旧避免不了许多小幅振荡行情，价格陷入微小的波动之中，很容易让人晕头转向，左右亏损。利弗莫尔设定了“6点转向”这一标准，就在一定程度上过滤了一些杂波。借助“3点突破”规则，可以进一步规避虚假信号。

2. 把握重大行情

借助“6点转向”规则，可以过滤大部分次级别行情和小的波动，它会告知行情什么时候开始调整，并且什么时候调整结束。当行情出现“3点突破”的时候，基本就是在重大行情的开端。

利用关键点指导交易，抓取的大多都是重大行情，不会陷入短期波动之中。就像利弗莫尔所说的一样：“我重复一遍，如果你打算利用大行情中的小波动来进行交易，那么这里的准则是没什么帮助的。”

3.4 止损时机

利弗莫尔的止损时机主要有两个：第一个是百分之十止损时机；第二个是三日止损时机。

3.4.1 百分之十止损时机

这是我从对赌行学来的——那里只用交10%的保证金。如果损失超过10%，对赌行就自然把我赶出来了。10%的损失原则是我最重要的资金管理原则，也是一个关键的时机因素。

——利弗莫尔

交易中，除了要选对止盈时机外，最重要的还是关注止损时机。投资成功并不取决于对的时候你赢了多少，而是看错的时候你亏了多少。利弗莫尔强调，当股市走势与你的判断相反时，一定要记住止损。当亏损超过10%的时候，就是卖出时机。

用现代观点来分析，10%的止损原则是一种固定止损。这种止损法的好处是方法简单，容易操作，但没有考虑行情的波动率和操作周期，所以科学性不强。一方面，很可能有时候刚刚打了止损，价格就触底了，导致在最低点卖掉了头寸；另一方面，当波动率显著放大的时候，10%的止损可能根本无效。另外，对于中长线投资者来说，10%的止损标准可能大多数情况下都不够用。

3.4.2 三日止损时机

那些买进或卖出后就出现浮亏的交易说明你正在犯错。一般情况下，如果三天之内依旧没有改善，立即抛掉它。

——利弗莫尔

利弗莫尔的另一个止损时机因素是时间止损。一旦持有的头寸连续三天都在亏损，并且亏损呈现加重的状态，就要立即抛售。一方面，利弗莫尔认为能赚钱的交易，一般都是一入场就开始获利，这说明自己交易的方向是对的，而正在亏钱的交易，是交易方向错误最好的证明。另一方面，利弗莫尔从来不能在一开始就出现浮亏的单子上赚到什么利润，因为浮亏会削弱自己的信心和勇气，所以持续浮亏三天的交易，就更没有什么坚持的必要了。

3.5 浮盈加码时机

优秀的投机家总是在等待，总是有耐心等待市场证实他们的判断。要记住，在市场本身的表现证实你的看法之前，不要完全相信你的判断。

——利弗莫尔

利弗莫尔认为必须以最小阻力线为准绳，趋势怎么转变就怎么做。你无法征服市场，不要自以为是地觉得市场会怎么样，你唯一获利的机会是“跟着它”，一定不要固执己见。在浩荡的市场面前，人力只不过是螳臂当车而已。最关键的永远是当下发生了什么，市场当下给了你什么信号。

浮盈加码是当下市场给的最强信号。一方面，浮盈的时候，市场告诉你趋势做对了；另一方面，在出现较大浮盈的时候，市场告诉你加码的时机到了。所以浮盈加码是利弗莫尔最重要的时机因素。

3.5.1 指明趋势时机

当头寸出现浮盈时，表明当下交易的方向是沿着行情最小阻力线方向发展的，也即是顺着趋势的。就像利弗莫尔表达的意思一样，任何预测趋势的方法，都没有当下头寸在持续盈利更有说服力。市场从来不是你判断对了，市场有其自己的生命。市场永远是正确的，当市场告诉你对了，那你就一定能获利。

3.5.2 明确加仓时机

趋势是具有延续性的，所以当频繁加仓、频繁盈利的时候，趋势一定是对的。但利弗莫尔强调必须要有耐心，等待市场趋势完全明确再去加仓，也就是说，不能见到利润就加仓，必须等利润跑出一段后才能加仓。一方面，因为积累了足够的利润，才能抵消加仓的风险；另一方面，当浮盈比较大时，也能更加证明趋势的正确性，并且可以避免被行情杂波干扰。

3.6 成交量放大时机

交易量指标是表示重要趋势结束的关键信号，不管是整个市场还是单只股票都适用，所以我一直对此非常警觉。我还观察到，如果一个趋势保持了很长时间，在趋势结束时，很多情况下股票会突然一涌而起，同时交易量巨大，但随即就停滞下来，再慢慢爬到顶部，终于筋疲力尽撤退下来，再无力创新高，最终就是重大调整降临。

——利弗莫尔

利弗莫尔很早就开始注意成交量在市场走势分析中的作用。成交量对关键点主要有两个作用，第一个是佐证关键点突破的有效性，第二个是预示趋势转折。

3.6.1 佐证关键点突破的有效性

引文中，利弗莫尔描述了股市运动的规律。他认为，当行情开始启动的时候，价格上涨往往伴随着成交量的放大，然后价格会出现调整，且往往伴随着成交量的缩小。因为关键点是趋势启动的时间点，所以作为确定关键点的时机因素，成交量放大能很好地验证和加强关键点突破时的有效性。

关键点突破伴随成交量放大，是利弗莫尔交易的重要时机。用现在股市的观点解释，这种时机因素其实是一种“量价突破”走势。股市有句大多数人信奉的观点，即“市场中什么都可以骗人，唯独成交量不会骗人”，可见成交量在交易中的地位多么重要。

成交量是供需关系的一种表现，成交量放大表示股票交易开始变得活跃。放量一般会伴随着市场趋势的转折，表示市场各方力量对后市分歧加大，一部分人看空后市纷纷卖出，而另一部分人看好后市大手笔吸纳。尤其是在市场经历平台整理后，在市场底部，当出现“量价突破”走势的时候，往往是中长线最佳的买入时机，应积极进场与庄共舞。相反，市场在高位经历平台整理后，当出现“量价突破”（价格向下突破，且成交量上升）走势的时候，往往是市场中长线见顶信号，应及时卖出。

3.6.2 预示趋势转折

市场经历一轮大涨之后，如果成交量突然放大，价格却停滞不前，则预示趋势已经是强弩之末，股票在大量换手，从强者手里换到弱者手里，从专业投资者手里换到普通散户手里，这往往是上涨趋势即将结束的信号。同理，市场经历一轮大跌之后，如果成交量突然放大，价格却没有下跌，则预示趋势可能已经见底。

3.7 一日反转时机

对于伴随着成交量突然放大的价格上涨，我总是心有余悸，特别是成交量跟平常相比增加50%以上的那种上涨，随之而来的经常是“一日反转”。

——利弗莫尔

利弗莫尔对“一日反转”的定义是：当日最高点在昨日最高点之上，当日收盘价低于昨日收盘价，且当日成交量大于昨日成交量。用现在的观点解释，“一日反转”就是形态学上的V形反转。

当股票在高位突然异动，大幅暴涨暴跌，且伴随成交量突然放大时，特别是成交量高于平时50%的那种现象，往往都是危险信号，通常都会形成“一日反转”。多数股票是根据自己的特征模式波动的，在趋势运行的时候，会沿着最小阻力线运动，正常回撤往往也会保持最小阻力线的方向不变。但暴涨暴跌，一般最小阻力线方向都会被改变。如果成交量也急剧放大，则说明股票在大量换手，足以证明趋势已经发生改变，此时必须马上离场。相反，在低位出现“一日反转”走势，则可以大量买入。

3.8 逆情绪时机

别人认为充满希望的时候保持警惕，别人徘徊犹豫的时候大胆出手。

——利弗莫尔

利弗莫尔总是随时准备跟大众反向操作，大众的情绪是他重要的交易时机。

利弗莫尔认为大众都是盲目的，希望得到确切的指导或指引，所以总喜欢听小道消息。虽然出人意料的事件会引起价格变动，但在消息发生之前，趋势往往已成定局。那些金融寡头们具有信息优势，往往都会提前行动，当消息传到大众耳朵里时，他们又会反其道而行之，借此“掠夺”大众的钱财。所以我们经常看到这样的现象，在市场处于高位的时候，高价位的股票总是从金融寡头的手里转换到大众手里，总会从聪明者的手中流到大众手中。

利弗莫尔观察到的一个现象是，由于很多人喜欢在临近收盘时建仓，所以金融寡头们往往会让股票在临近收盘时突破价格阻力，那么空头止损盘就会进一步推高价格。再比如，利弗莫尔很早就知道对赌行老板的猫腻，当对赌行老板看到客户操作时，就会在华尔街反向操作，以吃掉客户的保证金。

这样的反向思维现象在市场中比比皆是，利弗莫尔深谙其中的道理，逆着大众的情绪操作，往往是最好的赚钱时机。利弗莫尔认为，当自己什么都不做的时候，那些觉得自己每天都必须买进卖出的投机者们，正在为自己的下一次投机打基础，他可以从这些人的错误中找到赚钱的机会。

比如，1901年经济迅猛增长，两个金融寡头哈利曼和摩根相互较量，工业兼并和资本组合浪潮风起云涌，市场疯狂上涨，此时利弗莫尔则早就做好了对付熊市的准备。在随后的“大恐慌”中，他反向做空，赚得盆满钵满。1929年，赫伯特·胡佛上任总统，当时股市简直好得让人不敢相信，利弗莫尔却坚信熊市来临。他3月份做空石油公司股票，市场很快转为大跌，入场短短3个小时即大赚20万美元。随后重仓逆着大众的观点反向做空，获利超过1亿美金。

3.9 估值时机

在牛市末期，要当心那些估值被疯狂的资本推高30倍、40倍、50倍甚至60倍的股票。一般情况下，它们只是在8~12倍的估值之间运行。

——利弗莫尔

从上面引用的一段文字中，可以看出利弗莫尔所说的估值就是现在的市盈率概念。估值过高时，往往都是崩盘的前兆，是重要的关键点时机。

一般情况下，股价总是涨涨跌跌，不断重复着“盘整—上涨—盘整—上涨”这样的模式。股价不可能永远上涨，盘整就是价值修复的过程，为股价后续上涨聚集力量。一旦股价出现“爆发式”上涨，远远超过公司的估值时，风险也会越来越大，泡沫随时可能破裂。出现这种情况，就是远离股市的时机。

第四章

关键点原理

关键点就是重要时机，我以此来决定何时进入和退出股市。给关键点下个定义可不那么简单，依我看就是“股市基本方向改变，也是基本趋势开始改变的时间”。

——利弗莫尔

利弗莫尔认为，关键点就是股市基本方向改变的时间点，也即新方向启动的时间点。必须着重强调的是，关键点并不是指某个价格点，而是要结合时机因素。股价突破某个关键价格的时点（即关键点包含关键价格和关键时机），该时点就是利弗莫尔入场交易的重要时机。

关键点交易法其实是一种支撑阻力突破交易法，即当股价突破支撑阻力后顺势买入或卖出。为了理解关键点原理，下面先来解读一下关键点交易的特点。

4.1 关键点交易的特点

1. 高胜率

不论何时，只要耐心等待市场到达我所说的“关键点”，之后才动手，我的交易就总能获利。

——利弗莫尔

从利弗莫尔上面这句话中，可以得到这样一条重要的线索，那就是利弗莫尔的关键点是高胜率事件，因为他的交易总能获利。这一点很重要。如果交易方法频频失利，很容易削弱交易者的信心，从而质疑自己的交易方法的可靠性。高胜率有助于交易者保持良好心态，也是让利弗莫尔拒绝小道消息，坚持独立思考的重要信心来源。

2. 买在起涨点

利弗莫尔认为人性是有局限性的，如果进场时机和点位不好，那么就容易因为市场小级别的上下波动造成亏损，由此引发焦虑。在《股票大作手操盘术》中，利弗莫尔提到，“真正从投机买卖中赚得的利润，其实都是来自那些从开始就一直盈利的头寸”。从这句话中可以得到另一条线索，那就是利弗莫尔的关键点是非常精准的，这是利弗莫尔投资成功非常关键的一步。利弗莫尔认为，买入就要有盈利，因为只有现实的账面盈利才能坚定持股的信念。如果一开始没有盈利，说明很可能做错了方向，更严重的是心态会因为头寸遭受威胁而变得脆弱。在这种情况下，无论方向对错，都很难从这笔交易中获利。

“罗马不是一天建成的，没有哪个重大市场运动会在一天或者一周内快速完成。”从这句话中可以找到另一条线索，那就是利弗莫尔的关键点用于重大行情交易，并不是短线投机交易。利弗莫尔的关键点发出信号时，预示着大规模行情启动的心理时机。市场背后会有一种强大的力量，让股价径直地继续向前冲。另外，利弗莫尔往往会在试仓正确并出现一定的盈利后，开始逐步增加头寸，然后耐心持有，等待利润奔跑。

综上所述，可以知道利弗莫尔关键点做的是大趋势启动的关键位置，也就是买在起涨点。

3. 突破关键点

想要交易成功，你唯一需要的市场信号就是突破关键点。

——利弗莫尔

利弗莫尔的关键点交易法是等股价突破关键点时买入。

贪便宜是人类的本性，所以大多数人在交易中都是越跌越买。利弗莫尔的关键点交易法则是越贵越买，也就是逢高买入，更高卖出。这是利弗莫尔的一个革命性的交易思想，在他那个时代，很少有人在股票上会越涨越买。利弗莫尔认为，任何股票的最佳买入点均位于其底部运动结束，股票价格创出新高之际。不要以价位高低来衡量股票，市场上涨是因为它本身具有上涨的动力，市场上涨了才会变得越来越贵，而不是因为价格便宜才上涨。

高胜率和买在起涨点符合支撑阻力原理，突破关键点则符合突破交易原理，下面就对这两种原理进行详细解释。

4.2 支撑阻力原理

4.2.1 支撑阻力的形成

顾名思义，支撑是指对价格起支撑作用的点，阻力是指对价格起压力作用的点。支撑阻力对交易具有重要的指导作用。

1. 供需原理

价格是由供需关系决定的，而供需是直接由人决定的，即交易者的买卖决定的，所以价格是由人的交易行为决定的。人的交易行为是由人们的心理决定的，而人们的心理是不断变化的，所以造成了价格的不断波动。

在支撑点上股价容易反弹，这是因为人们买入意愿增加；在阻力点上，股价容易下跌，这是因为人们买入意愿减少。

从经济学的角度来说，人们只愿意做自己认为有价值的事情，无价值的事情是没有人做的。比如，当某一家首饰店的珠宝质量好，价格又实惠，那么人们就倾向于常去该店铺消费，因为人们认为该珠宝店的首饰是有价值的。当珠宝价格上升时，消费者的剩余价值感会降低，那么买的人就会减少，从而导致成交量减少；当珠宝价格降低时，虽然消费者购买意愿增强了，但是卖家的剩余价值减少了，所以卖家会减少供应，因此销售量也会减少。在完全竞争的市场条件下，市场最终会在一个买卖双方都认为合理的价格持续成交。这个价格最接近买卖双方的成本，买方的成本是心里满足的价值成本，卖方的成本则是运营总成本。

与此相同，在市场上，当投资者认为某个价格较合理时，他们会倾向在该价格参与交易。当大量的人认为该价格合理时，价格就会在该位置畅通无阻地成交，那么这个价格就代表了真实价值。当某一个价格被大量成交的时候，它能反映真实价值，因此支撑阻力往往反映的是某种价值，比如市场投资者的成本价、股票发行价、公司净值等。

2. 心理原理

根据锚定效应，人们对于事物最初的看法会影响以后的决策。锚定效应是形成支撑阻力的重要原因，当多数人锚定同一位置买进或卖出时，买盘或卖盘积累，容易推升价格上涨或下跌，那么该位置就表现出强大的支撑或阻力作用。

例如，当市场从先前的某个成本价大涨之后，再次跌回该成本区域，往往会吸引大量买盘进场买入，从而支撑价格反弹。因为有大量投资者在先前市场成本价减仓获利，一旦价格再次回到起始建仓价格，他们都会锚定自己的成本价，根据思维惯性，投资者希望能在同样的价位二次赚到利润，所以倾向于再次买入。先前在市场成本价位置建仓的投资者往往很多，所以逢低回补的需求是很大的，那么巨大的买盘就会阻止价格下跌，促使价格回升。因此，先前的市场成本价在技术上表现出的就是支撑作用。

当市场从某个成本价大跌之后，再次回到该成本区域，大部分投资者会因为亏损而懊恼，所以我们经常会听到某被套的股民说："后悔买错了，只要给我保本机会，我一定卖掉。"被套的股民往往都会锚定自己的成本价，一旦市场回升至保本位置，他们会迅速卖出。在市场成本价被套的投资者往往很多，所以在股价回升到市场成本价的时候，就会遭受强劲的抛盘压力，从而导致股价下跌。因此，先前的市场成本价在技术上就表现出阻力作用。

某一价格点的支撑阻力强度，取决于锚定该价位的人数和投资者的心理感受强度。也就是说，对某一价位认同的人数越多，认同感越深，那么支撑阻力的强度就越大。比如，在某一个价位参与的人越多，那么支撑阻力就越强；在某一个价位投资者希望或懊恼的程度越强，那么支撑阻力就越强。比如，市场大量投资者在某个价位巨亏或者大赚特赚，那么对该位置的懊恼或希望程度就会很大，当市场再度触及该价位时，就会表现出强烈的回挡效应，支撑阻力非常强。

4.2.2 关键点支撑阻力的形成

利弗莫尔的关键点往往代表的是市场的支撑阻力位。

在行情达到前期高点时，一方面由于买方的心理价值减少，会抑制买盘；另一方面，由于持有股票的投资者获利增加，价值增加，就会转为卖方抛售打压行情。前期高位套牢的投资者，因为后悔情绪或对未来不确定性的担心，锚定效应会促使他们在股价达到高点时卖出股票，对股价造成进一步打压。这样买盘减少，卖盘增加，自然就形成了较强的阻力，导致价格转头下行。

在行情达到前期低点时，一方面，股价低于买方的心理成本，锚定效应刺激他们在股价达到低点时大量买入；另一方面，持有股票的投资者亏损日渐加大，价格低于心理成本，此时会产生强烈的惜售心理，所以卖盘力量会减弱。卖盘减少，买盘增加，自然就形成了较强的支撑，促使价格上升。

1. 新高新低点撑阻力

股价经过底部区间振荡之后，供需双方上下拉锯，导致市场持仓成本趋于振荡区间中部。当行情发力突破区间，出现新高时，往往会有一些持仓不坚定的投资者因为获利突然放大而卖出股票，先前的套牢盘也会借机卖出，这些卖压会导致行情回撤。当卖压很重时，表明市场情绪依旧悲观，价格会重新下跌，创出的新高表现为虚破。当卖压很小时，价格被再次拉起，且突破新高点，表明市场情绪积极，后续卖压将会越来越小，机构就会借机持续拉升股价。因此新高点是重要的观察点，它可以确认行情突破的有效性，具有较强的支撑意义。这就是利弗莫尔所说的时间因素中的一个含义：在运用关键点来预期市场运动的时候，有一点必须始终牢记，如果该股票在穿越关键点之后，没有按照应有的模式运行，就是一个必须密切注意的危险信号。

市场经历一轮大涨之后，机构会通过高位反复振荡把筹码派发给散户。当价格跌破振荡区间的时候，一方面高位持仓者触发止损，会产生向下的压力；另一方面，由于价格下跌还不太明显，仍旧会有一部分投资者入场抄底。在多空双方的拉锯中，行情会在某个新低点开始反弹。如果机构筹码已经派发完毕，那么买盘的力量不足以支撑价格上涨，因此价格容易再度回落。当价格继续跌破新低点的时候，趋势反转的意味越来越浓，亏损的交易者持续增加，这会导致卖压越来越重，甚至出现踩踏性下跌。所以新低点是重要的行情观察点，它可以确认行情突破的有效性，具有较强的压力意义。

2. 历史新高新低点撑阻力

当股价持续上涨并创历史新高的时候，价格超过了所有人的成本线，市场所有的持仓都是获利盘。从机构的角度讲，这个时候不可能出现快速下跌。如果此时机构大量出货导致市场快速下跌，那么获利盘会迅速脱手。由于恐高效应，买盘也会减弱，因此机构无法顺利派发手中的筹码，甚至还会让机构陷进去。因此，当股价快速创出新高时，必定还会有更高。

在持续上涨的过程中，不断有持仓意志不坚定的散户小幅获利陆续下车。但持续暴涨的行情，会使他们再也追不上。等再出现一轮暴涨之后，持有的散户越来越少，此时机构就会进行高位派发，让散户充当接盘侠，所以历史高点具有重要的阻力意义。

股价快速创出历史新低的时候，市场全部都是亏损盘。由于锚定效应，投资者会在历史新低的时候买入，前期套牢盘也会再次加仓，这里就是一个重要的心理价位，所以会支撑价格上升。一旦历史最低点被跌穿，价格跌穿了投资者长期锚定的价格，这时投资者会被吓退，前期高位套牢盘的心理防线也会被击溃，大家随着价格不断的下跌陆续缴枪。主力买盘在股价长期下跌之后才会入市，因为过早布局，套牢盘逢高卖出的压力会让主力付出巨大的成本。因此，历史低点具有支撑意义。

3. 整数关口撑阻力

整数价位，比如10元、20元、50元、100元等，这些都是人们喜欢的数字（投资者偏好）。人们更倾向于在整数关口买入或者卖出，所以整数关口容易产生支撑阻力效应，这就是为什么我们看到很多股价的历史最高点或最低点都出现在整数关口附近的原因。这个道理同斐波那契数列同理，特殊的数字在股市中往往都能成为关键价位。

4.3 突破交易原理

如果了解我的交易方法，那么很多人也许会感到诧异。当我在行情记录上看到某只股票的上升趋势正在展开时，会先等股价出现正常的向下回撤，然后股价一创新高便立即买进。当我卖空的时候，也采取同样的方式。

——利弗莫尔

从上面一段话中可以看出，利弗莫尔交易的是突破行情。突破行情是指行情短时间内脱离原来运行轨迹的情形，即当市场建立调整平台之后，在没有任何先兆的情况下，价格突然向上或者向下突破整理平台运行的情况。这种情况下往往都会发生支撑阻力转换。

4.3.1 支撑阻力转换

从经济学的角度来解释。无论珠宝价格多高或者多低，总会有买方和卖方进行交易。不同的买卖者，在不同的时间段成本都不一样，这就会导致价格围绕成本线不断上下波动，就如经济理论中所说：价格是围绕价值波动的。

通常情况下，供需双方拉锯会导致价格在一个区间上下振荡。也就是说，正常情况下，波动不会偏离所有人的成本线太远。利弗莫尔早期在对赌行的交易，就是抓住这种振荡走势，进行多空双向交易。

极端情况下，比如某公司因技术革新推出了新产品，新产品的品质更加优越，给买方带来了更高的价值感，那么买方就愿意接受更高的价格。这会导致不可逆的改变，也就是价格趋势彻底改变。一方面，研发新技术过程中的投入提高了卖方的成本，当价格试图跌回原先的区间时，卖方价值减少，就会减少供应；另一方面，由于价格下跌，买方剩余价值感会增加，因此会增加买入。这样，在新的供需双方拉锯下，就阻止了价格重新跌回原先的价格区间。

市场关键价位往往都有两面性，一旦跨过关键价位，那么关键价位的本质就会发生改变，即原先的支撑会变成阻力，原先的阻力会变成支撑，这就是支撑阻力转换原理。

当振荡区间高点被突破之后，表示技术上出现了积极信号，一方面会导致卖盘减少，另一方面会吸引新的买盘。尤其是当价格回撤到区间高点时，前期逢高获利卖出的投资者，倾向于在锚定区间高点重新买入，这样前期高点阻力就转换成了支撑，如图4-1所示。

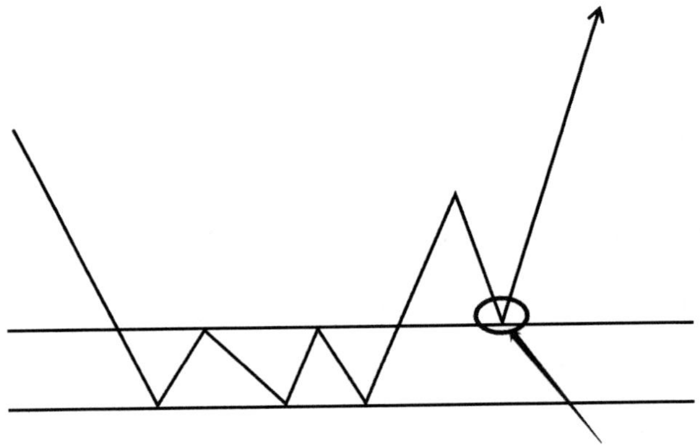

图4-1

当振荡区间低点被跌破之后，表示技术上出现了消极信号，一方面会削弱买方力量，另一方面亏损增加会导致卖盘加重。尤其是当价格反弹到区间低点时，前期区间低位买进的投资者倾向于在锚定区间低点回本卖出，这样前期低点支撑就转换成了阻力，如图4-2所示。

因为关键点体现的是支撑阻力原理，所以基于关键点的突破交易，属于在支撑阻力发生转换之后顺势跟进的一种交易方法。

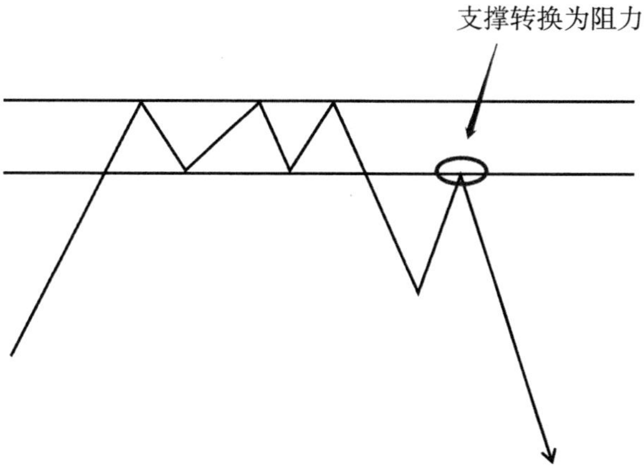

图4-2

4.3.1　关键点突破交易

我很清楚股票向上超越关键点后将快速上涨。

——利弗莫尔

利弗莫尔的交易方法是顺着最小阻力方向，等价格突破关键点后买进。因为他研究发现，当行情突破某个关键点的时候，价格往往会继续涨很多或者跌很多。

关键点突破交易法主要有三个特点：第一是顺势交易；第二是买强不买弱；第三是买涨不买跌。

1. 顺势交易

当你的判断与趋势不一样时，不能相信自己，而应该相信市场。

我绝不在市场向下回撤时买进做多，也绝不会在市场再度向上反扑时做空。

——利弗莫尔

利弗莫尔的关键点交易法是指当股价上涨突破关键点时买进，下跌击穿关键点时卖出。一方面，关键点突破后，顺着突破的方向入场，是顺应当下市场短期的势头；另一方面，在大的方向准则上，利弗莫尔是遵循沿着最小阻力方向交易，所以结合时机因素，利弗莫尔只选择交易朝大方向突破关键点的机会，所以是顺着大势交易。也就是说，关键点理论既顺从大方向又顺从小方向，属于绝对的顺势操作。

2. 买强不买弱

当市场进入到一个明显的趋势之后，它将一直沿着贯穿其整个趋势的特定路线而自动运行。

——利弗莫尔

利弗莫尔的关键点发出信号时，往往预示着行情启动的心理时机。市场背后有一种强大的力量，让股价率直地继续向前冲，突破交易往往是在市场最强的时候入市。比如行情突破区间，出现新高或者新低时，一方面行情之前长期在区间振荡，持仓成本会逐渐接近这个区域，一旦涨破该区间，卖压会减少，所以更容易大涨；另一方面股票突破长期振荡区间，会引起跟风盘进场，买盘增加，也会推动股价出现暴涨。

买强势行情往往更容易赚钱。不但关键点体现这样的思想，在利弗莫尔追随龙头股的理论中，也体现出了买强不买弱的思想。绝对不能买低位弱势股，弱势行情往往更容易亏钱。一只股票表现弱势，大概率是因为公司出了问题。市场的上涨是因为市场本身，市场上涨了才显现强势，而不是因为弱势才上涨。

3. 买涨不买跌

不要试图最后一刻卖出或者第一时间买进。

——利弗莫尔

突破交易法是越涨越买，越跌越卖。所以做多时，成本价只会越来越高。做空时，成本价只会越来越低。然而人们一般很难压制内心贪便宜的思想，总喜欢抄底或逃顶。但市场是有趋势的，逆势交易的时候，往往都是高概率亏损。而突破交易，纵使持仓成本会增加，但是依然无法削弱其较强的赚钱能力。

一方面，股价上涨表明资金流入，尤其是涨破关键点的时候，成交量会急剧放大，表明有大机构资金入场；另一方面，股价上涨表明市场预期向好，所以买入突破上涨的股票更容易获利。

第五章

改良利弗莫尔关键点——“新”时机因素

利弗莫尔认为推动股市运动的是人性，而人性永远不变，他的关键点是根据人性设计的，所以在当时极具赚钱效应。但历史人物毕竟有其历史局限性，时过境迁，现在的金融市场，其复杂程度已经远远超过利弗莫尔时代。

如今市场中不乏大机构，如保险公司、量化基金、政府基金、银行资金、央行基金、高频交易公司等。现在的机构也更加聪明，市场经常会出现不规则的行情结构，可以上下扫荡，也可以连续发出虚假信号，让投资者左右打脸。利弗莫尔的关键点，在不改良的情况下，可能无法很好地适应当下的金融市场环境。所以这里并不直接搬用利弗莫尔的关键点，而是结合现代金融市场特点，总结出新的时机因素，对其关键点进行优化改良。

本章将为大家介绍6种可以提高关键点效率的时机因素，分别为收敛时机、蓄势时机、市场位置时机、放量时机、背驰时机和次日开盘确认时机，统称为“新”时机因素（New Time Element）。利弗莫尔提出的9个时机因素，我们可以继续借鉴使用，其中成交量放大时机尤为重要。由于成交量对于关键点至关重要，所以本章结合现代金融市场，对其进行深一步的讲解。

此外，在第六章还会讲到另外一种更为重要的时机因素——跳空时机形成的关键点。跳空时机是优化改良利弗莫尔关键点最好的时机因素。跳空时机具有双重作用，它既能提供关键点（缺口关键点），也能提供时机因素，所以将其放在第六章“新”关键点中进行详细讲解。

5.1 收敛时机

收敛是指行情波动幅度越来越小，高点越来越低，低点越来越高，甚至慢慢趋于一点，向某一点靠近。

当行情经过振荡收敛后，也就是说K线图上呈现收敛形态，那么突破的有效性会增加。上涨趋势中，行情收敛之后，一般都会顺势向上突破；下跌趋势中，行情收敛之后，一般都会顺势向下突破（当行情处于末尾时，收敛之后，往往是逆势突破）。

在收敛区间，买卖双方的分歧越来越小，都认为价格是合理的，因此可以在收敛区间畅通无阻地成交。行情在低位或高位反转的时候，主力就会在收敛区间吸收或派发筹码。当收敛区间被突破的时候，顺势跟进，往往都是高概率快速获利的时机。

图5–1为兆易创新日线级别K线图，行情时间跨度为2019年12月18日到2021年1月13日。在上涨过程中，*A*、*B*、*C*经过了收敛，最后突破区间最高点（利弗莫尔创新高关键点），紧接着就是快速上升走势。在下降过程中，*D*经过了收敛，最后跌破区间最低点（利弗莫尔创新低关键点），紧接着就是快速下滑走势。

图5–1

从收敛的角度来看，可以反向得出宽松的形态容易失败的结论。

图5-2为中微公司日线级别K线图，行情时间跨度为2021年4月1日到2021年12月30日。从图中可见，两个矩形收敛性不强，虽然价格都突破了矩形的高点，但最后突破走势都失败了，并没有出现关键点越过之后该有的走势表现。

图5-2

图5-2中，A' 和B' 两个矩形区间相对于收敛为一点的区间来说，形态比较宽松。行情突破后，并没有继续上升，而是重新下跌，这说明宽松的形态往往会给出假信号。

运用利弗莫尔关键点进行交易的时候，应当注意观察行情在振荡整理过程中的收敛情况。紧密型且收敛于一点的形态最好，如果不是收敛于一点的形态，也是波幅越窄越好，窄幅波动也是一种收敛。

图5-3为鄂武商日线级别K线图，行情时间跨度为2019年6月28日到2021年4月13日。如图所示，矩形区间波幅非常狭小，表明市场整固较强，突破的时候，突破的有效性也会大大提高，突破后的上涨力度非常大。

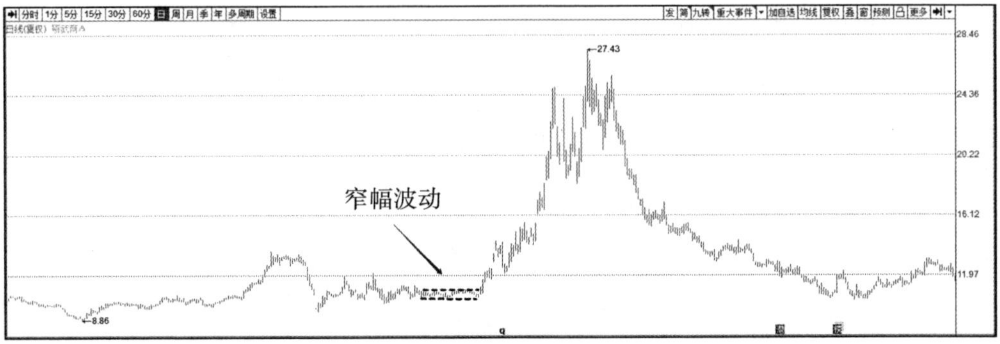

图5-3

5.2 蓄势时机

蓄势是指股价暂停趋势运动，在一个平台上下盘整。通常以时间长短来定量判断蓄势的力度大小，振荡的时间越长，蓄积的能量往往越大。在蓄势阶段，主力资金一般会上下振荡洗盘，清洗掉持仓不坚定的投资者，吸纳筹码，为后市拉升做准备。

蓄势与收敛是配套的，当行情出现收敛时，一般都会蓄势；当行情开始蓄势时，一般都会收敛。收敛蓄势的时间越长，筹码成本越集中，后市拉升中卖压也会越小，也就是说行情爆发力越强，持续性也越强，这就是通常说的“横有多长，竖有多高”的道理所在。所以收敛蓄势时间越长的股票，突破的时候有效性也越强。

收敛和蓄势是检验关键点是否有效的先决条件。当股价在市场顶部或底部出现超长时间的收敛蓄势时，通常会酝酿波澜壮阔的大行情，一旦突破收敛区间的关键点后，往往都会产生“爆发式”行情。在低位长期收敛蓄势的股票，一般都有重大机会，通常是牛市行情的起涨点，在关键点介入将会获得丰厚的利润，所以值得寻找。在高位长期收敛蓄势的股票，往往会酝酿一波大熊市。

图5-4为中兴通讯日线级别K线图，行情时间跨度为2013年9月10日到2015年6月25日。如图所示，中兴通讯经过大半年的振荡收敛，聚集了强劲的做多能量，突破底部收敛三角形区间之后，迎来了连续大半年的上涨。蓄势所花的时间和上涨的时间基本相当，印证了“横有多长，竖有多高”的道理。

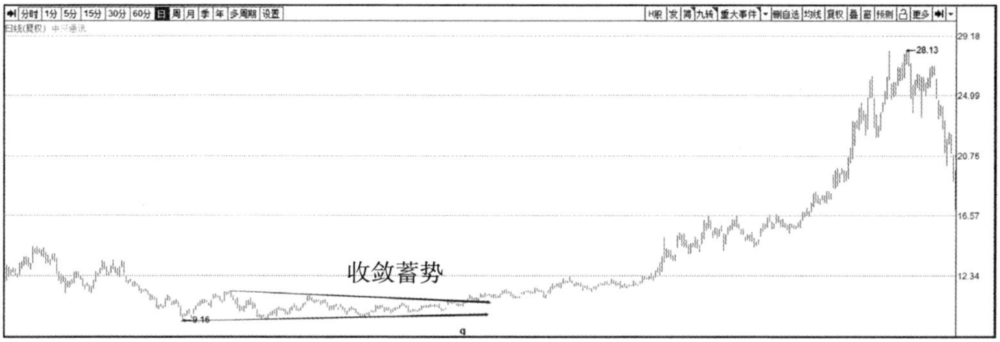

图5-4

图5-5为华映科技日线级别K线图，行情时间跨度为2021年4月2日到2022年1月4日。如图所示，矩形的宽度虽然很窄，但是整理的时间不够，因此突破的时候动能不大，行情突破后只上涨了一天，就立即掉头大跌。

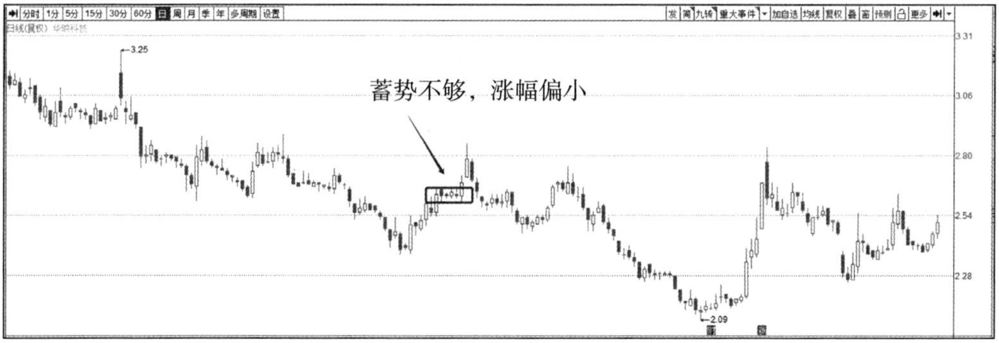

图5-5

利弗莫尔的关键点交易方法是做重大行情的，所以像这种短波段可以用蓄势的判断方法过滤掉，以免沉迷于超短线的随机交易之中，让自己迷失方向。

图5-6为智度股份日线级别K线图，行情时间跨度为2002年1月17日到2007年7月27日。股价经历了长达2年多的收敛蓄势，像这样的股票一定要密切关注，一旦股价突破整理平台，涨跌幅度将会是史无前例的。由图中可见，股价向下跌破收敛区间后，直接断崖式下跌，连续砸了十几个跌停板。

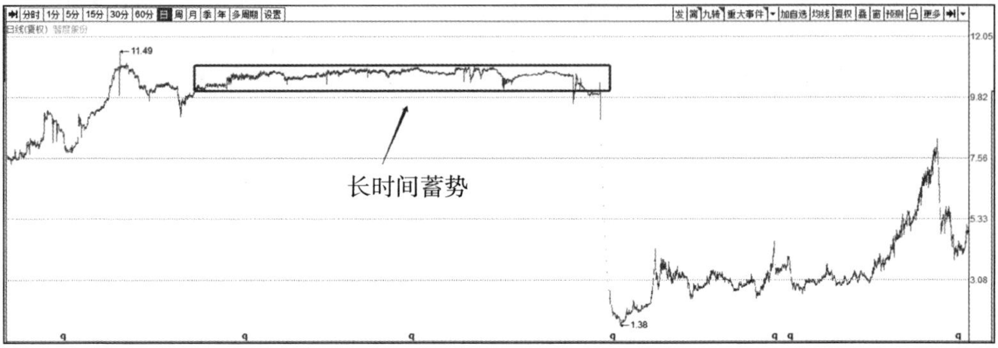

图5-6

像智度股份这样蓄势时间非常长的股票，如果向下突破，千万不要去碰它，否则一旦陷进去，根本没有出来的机会。

5.3 市场位置时机

市场位置是指当前行情是处于相对高位还是处于相对低位，一般可以用波浪理论或指标背离等判断行情的相对位置。

大多数情况下，行情振荡收敛后都倾向顺势突破，但是在顶底转换的时候，即使完美标准的形态，顺势突破的有效性也会大大降低，而往往都是反向突破概率更高，且利润空间更大，所以要重点关注顶底转换时的反向突破交易机会。之所以强调市场位置时机，源于人们经常所说的一种交易思想，即趋势大于位置，位置大于形态。

当行情经历了一轮大跌，市场处于相对低位时，这时候向上突破的成功率一般比较高，而向下突破的假信号则比较多。在市场底部，有些钉子户很难被震出来，他们一直在那里躺平，主力为了收集更多的筹码，可能会采取虚破向下打压的方式吓退那些钉子户，让他们缴械投降。

图5-7为闻泰科技日线级别K线图，行情时间跨度为2019年10月9日到2020年11月18日。如图所示，闻泰科技在下跌的末期，市场处于低位，虽然行情做出了三角形收敛动作，但是股价跌破整理期的低点后，只是微幅下行，随后就迅速反转大涨。在右边的上涨过程中，股价处于相对低位，价格收敛之后，突破整理期的高点，此时是最好的入场时机，买进后则立即有账面利润，且行情随后大幅上扬。

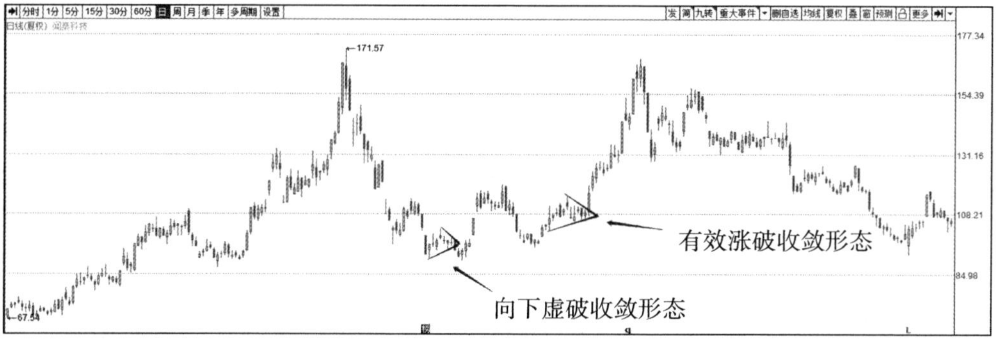

图5-7

相反，当行情经历了一轮大涨，市场处于相对高位时，这时候向下突破的成功率比较高，而向上突破的假信号比较多。

图5-8为东方财富日线级别K线图，行情时间跨度为2020年7月17日到2021年8月10日。如图所示，东方财富在上涨的末期，市场处于高位，虽然行情出现了收敛，但行情突破整理期的高点后，并没有继续上涨，而是迅速反转大跌。在行情上涨前的低位，价格突破矩形区间高点之后，如果迅速买入，将会大幅获利。

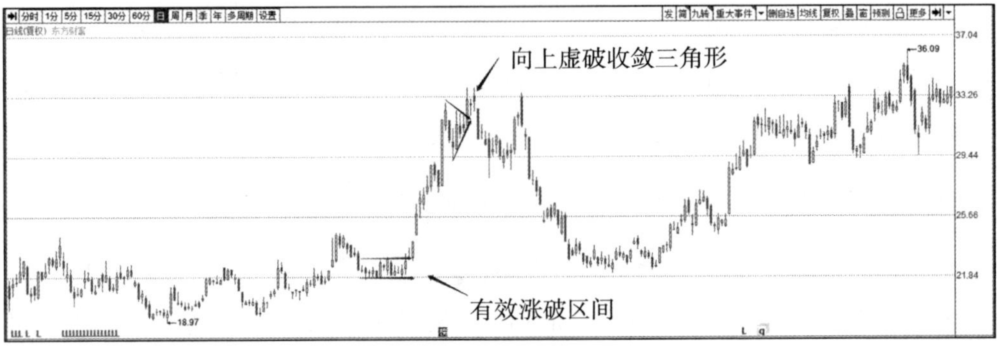

图5-8

由此可以看出，在交易中，研判市场所处的位置非常重要。如果一味地盯着关键点而忽略市场位置，在市场过分上涨时盲目追多，很容易损兵折将。

图5-9为山推股份日线级别K线图，行情时间跨度为2012年7月20日到2017年11月30日。如图所示，股价短短几个月暴涨4倍多，此时就要注意，过快的上涨和过大的涨幅对买进做多不是好事情，如果在突破高点时买进，那么很快就会被套牢。其实此时可以用波浪理论大概判断市场所处的位置，此时市场已经完成了5浪上涨，后市大概率会走调整浪，回调周期即将来临，交易中应以避险为主。

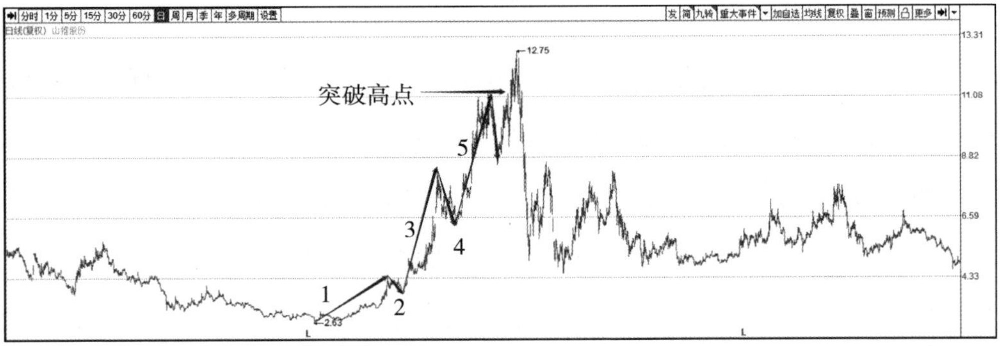

图5-9

5.4　放量时机

成交量是反映供需情况的一种表现，当供不应求时，市场活跃，成交量自然放大；反之，供过于求，市场冷清，成交量势必萎缩。在第三章中讲到，利弗莫尔运用关键点交易的时候，通常会配合成交量的放大来确定时机因素。

价格突破区间时，如果成交量随之放大，则表明市场分歧减少，大多数人朝一个方向买卖，则会增加突破的有效性。如果只是价格出现突破，但缺乏成交量的配合，那么预示市场尚未真正改变趋势，应多加谨慎。

成交量放大的时候，也会出现很多假突破。但真实有效的突破，一般都伴随成交量的放大，所以使用成交量这个指标，只是用来剔除那些没有放量的突破，因为这种突破大概率是假突破。实战中，不能以成交量放大作为真实突破的唯一证据。

图5-10为福耀玻璃日线级别K线图，行情时间跨度为2020年11月25日到2021年12月20日。

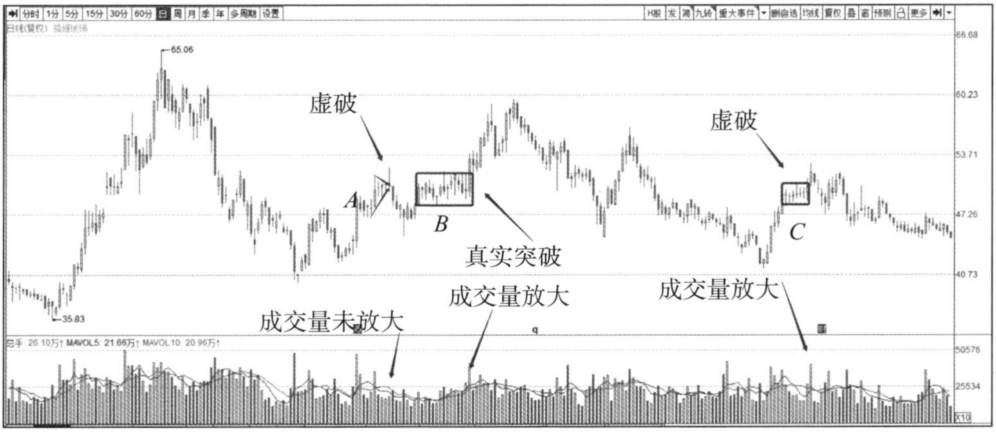

图5-10

如图5-10所示，收敛区间A的高点被突破的时候，成交量没有放大，随后行情快速掉头大跌，因此是一次虚假的突破信号。股价突破区间B的高点时，有成交量放大相配合，股价突破之后继续上涨，是一次成功的关键点信号。

要重点注意区间C的情况，虽然突破区间关键点时成交量也出现了放大，但股价随后掉头下跌。由此可以看出，关键点放量突破时不一定构成买入信号，但是未放量的突破往往会失败。

图5-11为东方电子日线级别K线图，行情时间跨度为2020年3月30日到2022年1月4日。如图所示，股价在低位持续运行时，成交量非常萎靡。行情突然升穿关键点且成交量急剧放大，此时往往预示着重大行情来临，股价可能连涨几周甚至几个月，是不容错过的赚钱时机。

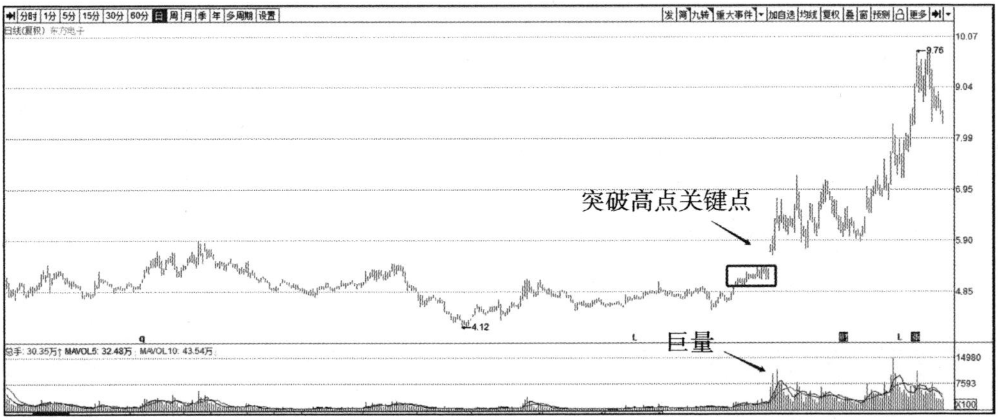

图5-11

5.5 背离时机

背离是指股票在下跌或上涨过程中不断创新低（高），而一些技术指标不跟随创新低（高）的现象。背离通常分为顶背离和底背离。价格创新高而指标没有创新高为顶背离，价格创新低而指标没有创新低为底背离。

当关键点突破的时候，如果有技术指标背离相配合，可提高突破的有效性。当指标在高位或者低位钝化后出现突破时，有效性则会进一步增强。参考指标可以是KDJ、RSI、MACD等。如果多种指标同时出现背离，则效果更佳。

图5-12为迈为股份日线级别K线图，行情时间跨度为2020年12月11日到2021年12月31日。如图所示，行情在区间*E*运行时，指标MACD显示底背离状态。当股价突破区间*E*的关键点时，突破的有效性会大大增加，从图中可见股价随后见底大涨。行情在区间*F*运行时，指标显示行情进入顶背离状态，一旦股价跌破区间*F*的关键点时，突破的有效性也会增加，从图中可见股价跌破区间*F*后延续下跌。

图5-12

图5-13为浙江震元日线级别K线图，行情时间跨度为2021年4月6日到2022年1月4日。如图所示，股价一直创新低，但是RSI并没有创新低，表明行情发生了底背离。如果行情突破矩形关键点时买进筹码，则获利概率将大大增加。从图中可见，股价突破关键点后持续稳步上升，最后直接跳升暴涨。

图5-13

其实用背离时机去辅佐判断关键点交易，理论上效果和市场位置时机差不多，因为当行情出现底背离的时候，股价一般处于市场低位；当行情出现顶背离的时候，股价一般处于市场高位。

图5-14为河钢股份日线级别K线图，行情时间跨度为2021年4月6日到2022年1月4日。如图所示，股价和指标KDJ发生了背离，表明行情有反弹的需求。如果在行情突破矩形关键点后买入河钢股份，则获利概率很高。

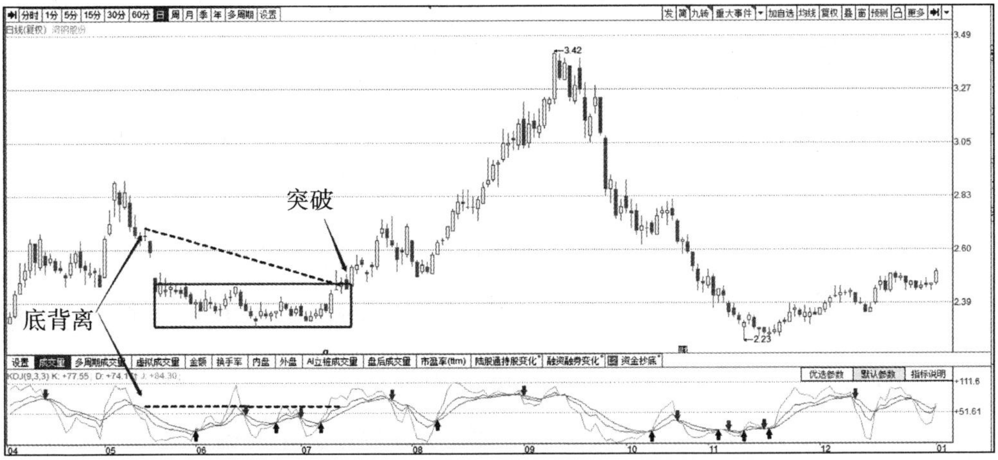

图5-14

背离时机结合关键点，最重要的价值是可以判定虚假信号。当行情处于顶背离的时候，表明股价随时会展开调整，甚至有可能直接反转，结束牛市。如果此时出现关键点买入信号，则应保持谨慎的态度。

图5-15为燕京啤酒日线级别K线图，行情时间跨度为2020年11月23日到2021年12月16日。如图所示，股价上升，但是MACD没有跟随上升，说明市场目前处于顶背离状态，虽然价格突破了关键点，但没有迎来大涨，而是出现了"一日反转"走势。

图5-15

5.6 次日开盘确认时机

次日开盘确认，并不是定性判断突破是否有效的条件，而是在定性判断突破可能有效时，二次确认突破的有效性，这也是操作过程中买卖的具体时间。当突破可能有效时，第二天观察开盘情况，如果第二天开盘价跨越了关键点，那么可以直接买进或卖出。

次日开盘确认一般与其他时机因素一起使用。比如，当用背离判断关键点可能有效时，第二天开盘的时候观察行情，如果价格开盘越过了关键点，则表示突破有效，可以买入或卖出股票。否则，表示突破无效，要放弃买入或卖出。一般来说，前一日多空交战的最终结果，都会体现在次日开盘上，如果次日开盘确认多头突破，则说明后市上涨的概率更高。

利弗莫尔认为，应该在行情突破关键点的那一分钟就进场，但是本书将其优化为次日开盘确认再入场，这样可以有效过滤虚破信号。

大家可以把炒股看作日常生活中的购物交易。股价日内波动是购物过程中买方和卖方之间的讨价还价。在购物时，讨价还价的过程并不重要，最终要看成交价，因为成交价决定了你付出多少钱，也是商品价值的最终体现。股市中也一样，收盘价才是当日最终的成交价，因此收盘价代表了股票的真正价值。

第二天的开盘价才代表了价值最终变化的结果，也就是说，卖方第二天的报价，才能代表真正意义上新趋势的起始。经过第一天的讨价还价过程，如果卖方意识到自己定价过高，那么第二天就会调低报价，这样价格就会进入新的波动区间。如果卖方第二天的报价又回到了前一天的价格范围，那么第一天的讨价还价过程就是无效的，即价格回到了前一轮的趋势之中。因此最具有行情确认意义的是第二天的开盘价。

图5-16为中兴通讯日线级别K线图，行情时间跨度为2010年12月20日到2012年1月12日。如图所示，股价突破区间关键点后，次日开盘价格开在区间A上方，所以可以立即买进。股价随后振荡上涨，关键点突破买进后就开始获利。在区间B的位置，股价只是虚破区间关键点，如果当天直接买进，那么就不幸地被套在了高点，第二天股价开盘开在关键点之下，随后股价不但没涨，反而一路下跌。由此可以看出，突破的时候结合次日开盘确认买卖时机，可以进一步过滤虚破信号，避免造成不必要的损失。

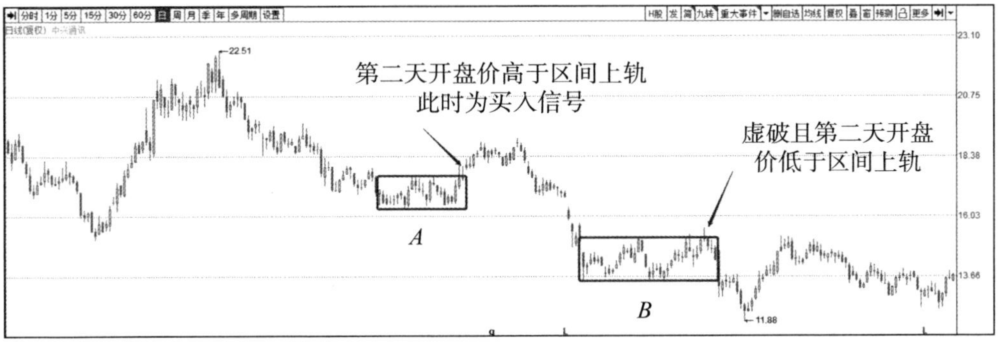

图5-16

有些人比较喜欢在行情涨过一定的幅度后再买进，比如涨过关键点3%或5%买进等，这是不科学的一种交易方式。收盘价代表的是成交价，开盘价代表的是新的认同价格，是最具有价值意义的，且时效性最强。盘中波动的价格，理论上没有太大的意义，因为多空双方并没有结束战斗。

图5-17为罗牛山日线级别K线图，行情时间跨度为2010年12月20日到2012年1月12日。如图所示，虽然盘中股价暴涨，突破关键点逾5%，且收盘也高于关键点，但是次日开盘股价直接跳空向下，按涨过关键点3%或5%买进，则会损失惨重。从图中可见，突破之后行情并没有持续上涨，而是随后展开了强劲的下跌走势。

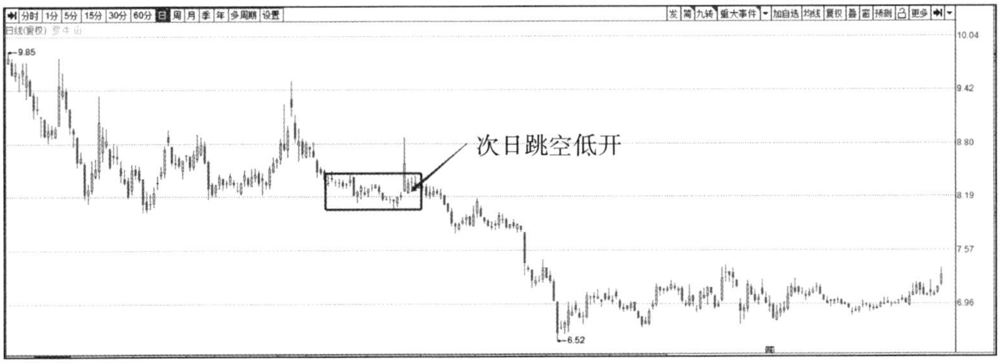

图5-17

还有一种情况，那就是股价当日开盘的时候，就运行在区间高点附近，表现为对压力跃跃欲试的状态，价格稍微上涨就突破了区间。针对这种情况，只要股价突破区间高点5%，即可当天开仓买入。当股价靠近区间高点时，就表明市场在关键点（区间高点）位置已经犹豫了很久，一旦强势突破，往往都是真实的突破，若等第二天开盘时再买入，则显得太晚了。更重要的是，如果第二天开盘直接跳空一字形涨停，那么就会丧失上车的机会，错失一波巨大的利润。

图5-18为神火股份日线级别K线图，行情时间跨度为2020年8月5日到2021年2月18日。如图所示，股价在突破区间前，一直徘徊在区间上轨附近，价格稍微上涨就会突破区间关键点。如果当日股价涨过关键点5%，即可开仓买入。从图中可见，股价第二天开盘直接跳空上涨，所以选择在当天突破关键点5%时买入是较为合理的。

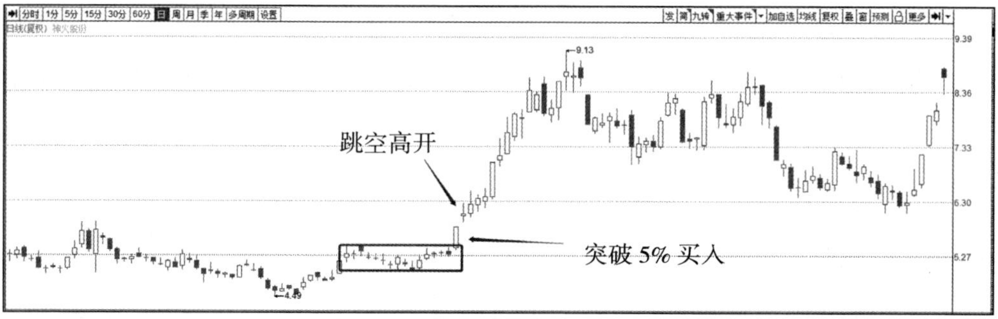

图5-18

第六章

“新”关键点

研究关键点的过程就像是挖掘金矿，这项工作如此迷人，几乎令人难以置信。

——利弗莫尔

股票变了，但华尔街不会变，人性不会变，所以利弗莫尔的赚钱思想永远不过时。大家可以根据利弗莫尔的关键点原理，继承他的交易思想，寻找新的关键点。

利弗莫尔在《股票大作手操盘术》中明确强调过，他没有进一步探究新的关键点，如果后人发掘到被他遗漏的新的关键点，他一点也不会感到惊讶。这里不得不佩服利弗莫尔过人的先知能力和对金融市场发展的预判能力。利弗莫尔一百年前就能预判金融市场的变化和创造性，有这样的能力，也不愧为华尔街百年以来的天才交易员。我们要做的就是顺应其思想，找到新的关键点，让自己也能像利弗莫尔一样在市场中轻松获利。

用一句话概括利弗莫尔的关键点原理，那就是在重要的支撑阻力上进行突破交易。本章根据利弗莫尔的关键点原理，总结了三种有价值的“新”关键点——New Pivotal Point，分别是形态关键点、跳空缺口和中心对称点，其中中心对称点最为重要。除此之外，还有一些有重要价值的“新”关键点，比如切点、限制点、临界点、价值点、原始控制点、极点和DS点等，详解请参考笔者另外一本书《像利弗莫尔一样交易——让利润奔跑》。

注意：决定关键点有效性的重要因素是必须结合时机因素。本章还会讲解一个更重要的时机因素——缺口时机。

6.1 形态关键点

欧奈尔指出：“在股价创新高时买入十分重要，而且特定的价格形态预示着潜在的巨额利润。”

形态是一种支撑阻力复杂的表现，技术形态往往会在支撑阻力位置完美呈现。在形态的边界，行情往往会多次回挡，这体现的就是支撑阻力的效果。市场从来不会无缘无故地停止脚步，市场的调整与逆转，往往从一个明确或隐藏的支撑阻力附近开始，尤其是当这个支撑阻力与某种技术形态叠加的时候，调整与逆转更容易成功。

利弗莫尔在对赌行时使用的双向短线操作法，实质是利用矩形交易，后期的创新高交易法则是运用矩形和N形交易。

从收敛时机中可以总结得出一个结论，其实所有的形态都可以归纳为盘整，因为所有形态相较于之前的行情，都出现了一定程度的收敛，无论是收敛于一点的三角形，还是上下振荡的矩形，波动性都出现了一定程度的降低。收敛是形态有效性的核心条件，一旦行情开始收敛，就表示市场进入了盘整。

盘整形态是指股价经过一段时间的快速变动后，多空产生分歧，在一定时间内反复争夺，行情速率开始变慢，趋势暂时停顿，不再前进，表现为在一定区域内上下波动的现象。这些形态有的持续时间短，有的持续时间较长，随后股价会选择一个突破方向。振荡时间越久，突破后趋势就会越强。当形态突破时，就是关键点，应当顺势买入。另外，成交量放大是判断形态关键点最重要的时机因素之一。

在收敛时机中讲到，大多数形态都会选择朝原趋势方向突破，而在顶底转换的时候，往往会选择反向突破。那些顺势突破的形态，一般称为“延续形态”，对应的关键点就是利弗莫尔所说的延续关键点。那些反向突破的形态，一般称为“反转形态”，对应的关键点就是利弗莫尔所说的反转关键点。

6.1.1 矩形形态

1. 定义

矩形形态也称箱体整理，是指在一段时期内，股价如同被限定在一个箱子里，始终在箱子的顶和底之间来回拉锯。以振荡区间内的最高点为上限，以最低点为下限，画两条水平线，就可以得到一个矩形。矩形分为上涨矩形和下跌矩形两种，如图6-1所示。上涨矩形即振荡后向上突破的形态，下跌矩形即振荡后向下突破的形态。

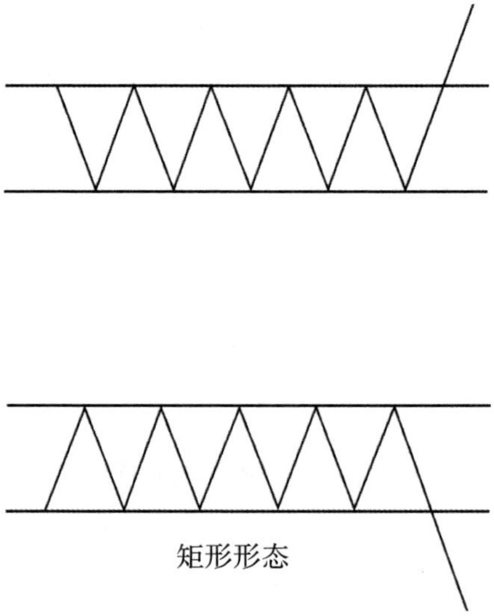

图6-1

2. 要点

（1）实际行情中，每个波峰不必在同一价位上，每个波谷也不必在同一价位上，每个波峰或波谷价位相近即可。

（2）波峰与波峰、波谷与波谷必须有一定的距离，相隔时间不能太短，但是也不必等距离。

（3）矩形整理的时候成交量一般不断缩小。

（4）矩形可以发生在行情中部，一般在行情中部形成的矩形整理，往往都会顺势突破，也就是形成趋势中继。一般称这类矩形为中继矩形。

（5）矩形也可以发生在行情的底部或者顶部，这时候矩形就等于是多重底或多重顶，一般会逆势突破，往往会引发趋势的大逆转。矩形蓄势时间越长，反转的力度越强劲。一般称这类矩形为反转矩形。

3. 关键点及买卖原则

矩形区间内的最高点和最低点为关键点。

当股价升穿最高点时为关键点买入信号，股价跌破最低点时为关键点卖出信号。

图6-2为拓普集团日线级别K线图，行情时间跨度为2018年5月30日到2019年6月25日。如图所示，当股价跌破高位矩形的最低点时，就是卖出信号；当股价升穿低位矩形的最高点时，是买入信号。

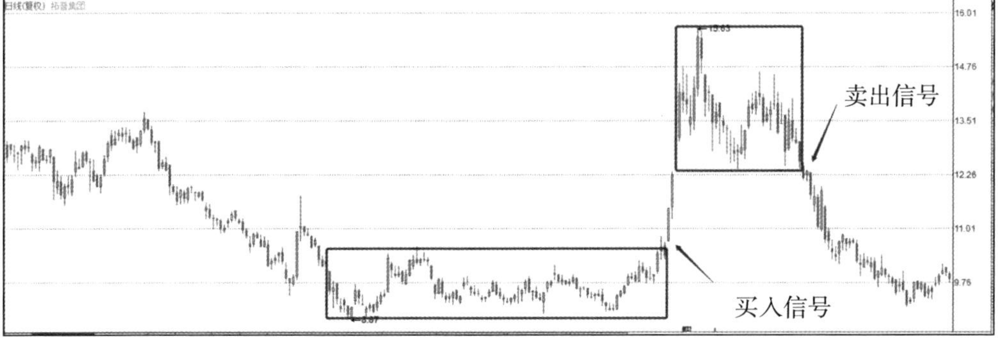

图6-2

4. 目标预测

当矩形位于行情中部时，一般会顺势突破，属于行情中继形态，突破后涨跌幅往往不会太大，其关键点突破后的涨跌目标一般为矩形的高度。这是根据趋势重复原理测算的，也就是前期下跌多少，后期也会下跌多少，所以矩形的关键点预测目标不能小于其高度。

图6-3为格力电器日线级别K线图，行情时间跨度为2017年3月13日到2018年12月20日。如图所示，上涨矩形突破关键点后，目标为A'点（其中A、B分别为矩形的最低点和最高点，且$AB=A'B$）。下降矩形突破关键点后，目标为C'点（其中C、D分别为矩形的最高点和最低点，且$CD=C'D$）。

图6-3

当矩形出现在底部或顶部时，一般会催生大级别的转势行情，行情涨跌幅一般会非常大，一旦底部或顶部矩形的关键点被突破后，第一轮目标至少等于矩形前一轮行情的高点或低点。之所以这样测算，根据趋势的定义，行情反转的必要条件是必须越过前期的高点或低点，如果不能越过前一轮高点或低点，则表明行情还在维持原先的趋势。

注意：传统形态分析技术没有将不同种类的矩形分开，统一用矩形的高度来预测突破后行情的运行幅度，这明显是不合理的。本书关键点的预测方式，可以最大程度地把握住大行情，但必须注意，如果矩形前一轮行情的高点或低点到关键点的距离小于其高度，则继续推到前面第二个高点或低点作为关键点突破后的预测目标。

图6-4为拓普集团日线级别K线图，行情时间跨度为2018年5月30日到2019年6月25日。如图所示，矩形的高度小于前期的低点*A*到关键点的距离，所以应以前一轮低点作为预测目标。那么拓普集团关键点突破后，行情第一轮下跌的预期目标为*A*点。从图中可见，股价刚好跌至前期低点开始反弹调整。

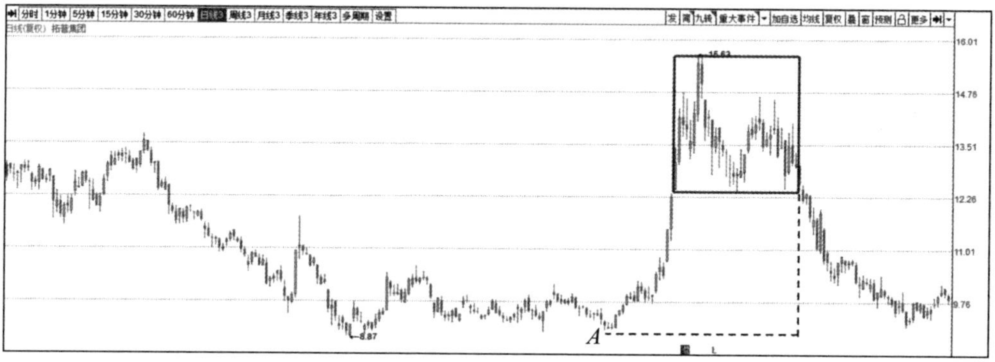

图6-4

图6-5为平治信息日线级别K线图，行情时间跨度为2018年8月24日到2020年8月18日。如图所示，矩形的高度小于前期高点*A*到关键点的距离，所以应以前一轮高点作为预测目标。那么平治信息关键点突破后，行情第一轮上涨的预期目标为*A*点。从图中可见，股价刚好涨至第一轮高点才开始有较大的下跌调整。如果以矩形的高度作为预测目标，则明显获利太少，降低了资金利用率。

图6-6为拓普集团日线级别K线图，行情时间跨度为2018年5月30日到2019年6月25日。如图所示，前一轮高点*A*到关键点的距离小于矩形的高度，应取更前面一轮行情的高点*B*作为关键点突破后的预测目标。从图中可

以看到，*B*点作为预测目标是较为合适的，以*A*点为目标则出场太早，只能获得一点蝇头小利。

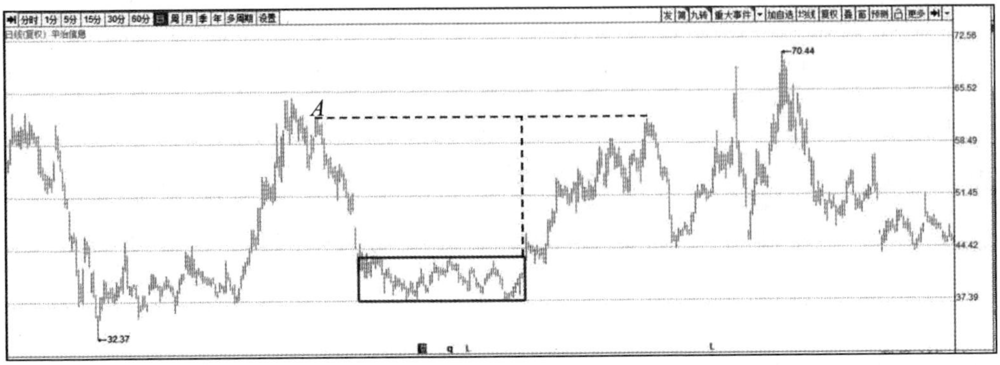

图6-5

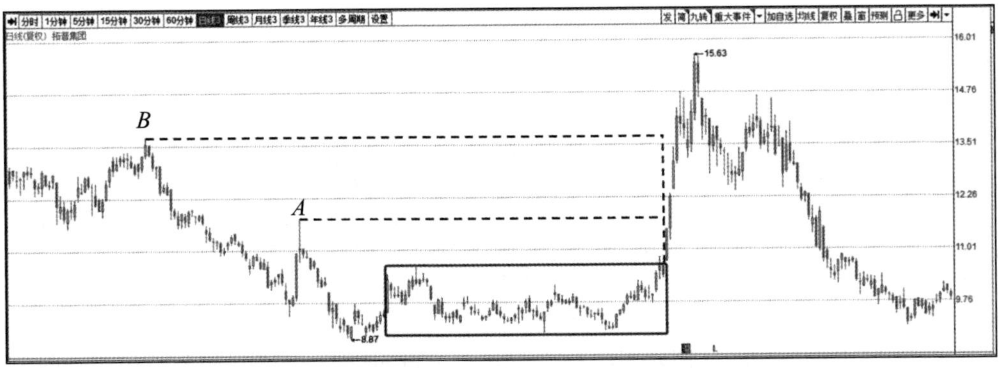

图6-6

6.1.2 N形形态

1. 定义

N形形态是指股价走势呈现与英文“N”字相似的走势形态。N形大多出现在一段明确的上涨或者下跌趋势中，一般会顺势突破。如图6-7所示，N形分为上涨N形和下跌N形两种。

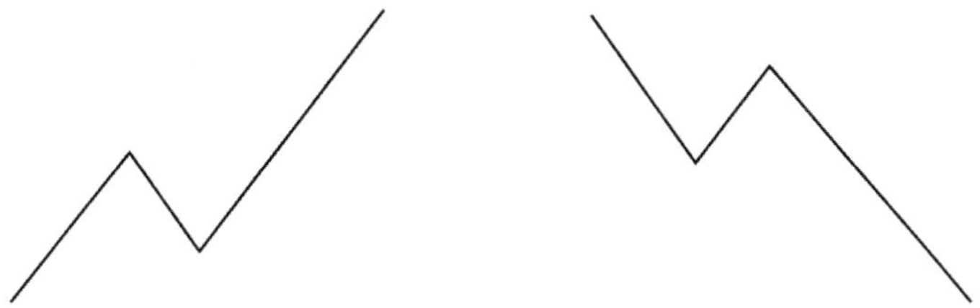

N 形形态

图6-7

2. 要点

（1）在N形调整的时候，成交量一般都会缩小。

（2）N形的第一轮行情必须是明显的趋势行情，N形不适用逆势操作。行情的速率（详解请参考6.3.5节）越大越好。

（3）N形突破时的速率越大，则赚钱效应越强。

3. 关键点及买卖原则

N形的第一轮高点或低点为关键点。

在上涨趋势中，当股价升穿N形第一轮上涨的高点时，为买入信号；在下跌趋势中，当股价跌破N形第一轮下跌的低点时，为卖出信号。

图6-8为上汽集团日线级别K线图，行情时间跨度为2008年1月10日到2009年10月29日。如图所示，当股价突破N形第一波下跌的低点时，及时卖出就能减少亏损。当股价升穿N形第一波上涨的高点时，开仓买入就能大幅获利。

4. 目标预测

N形其实符合波浪理论主升浪的规定，一般情况下，波浪理论的3个主升浪的比例关系为1：1.618：0.618，可以根据波浪理论判断市场所处的位置，然后根据N形第一波的长度以及主升浪的比例关系，预测N形关键点突破之后的涨跌幅度。需要注意的是，有时候第五浪会发生延长，延长时3浪：5浪=1：1.618。

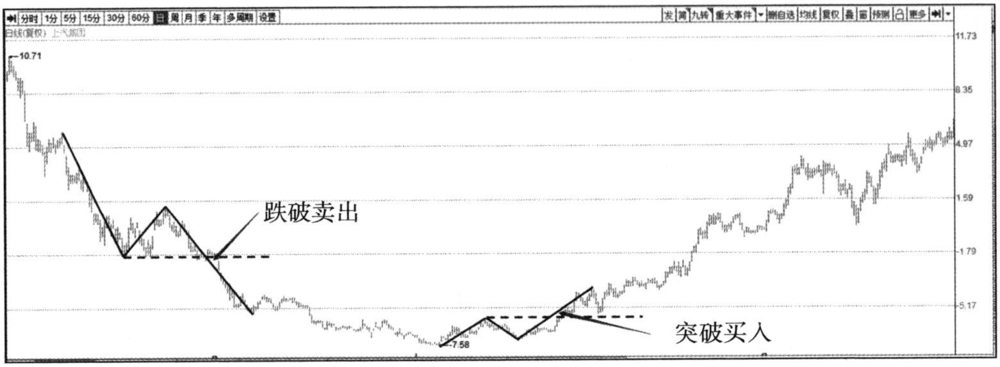

图6-8

图6-9为上汽集团日线级别K线图，行情时间跨度为2008年1月10日到2009年10月29日。如图所示，下跌N形的第一波行情处于波浪理论的3浪下跌之中，因此根据3浪和5浪的比例关系，即1.618：0.618，可以测算出下跌N形突破后的目标为B点（第一波下跌价格距离高度：AB=1.618：0.618，其中A点为反弹的最高点）；上涨N形突破后的目标为D点（第一波上涨价格距离高度：CD=1：1.618，其中C点为回撤的最低点）。

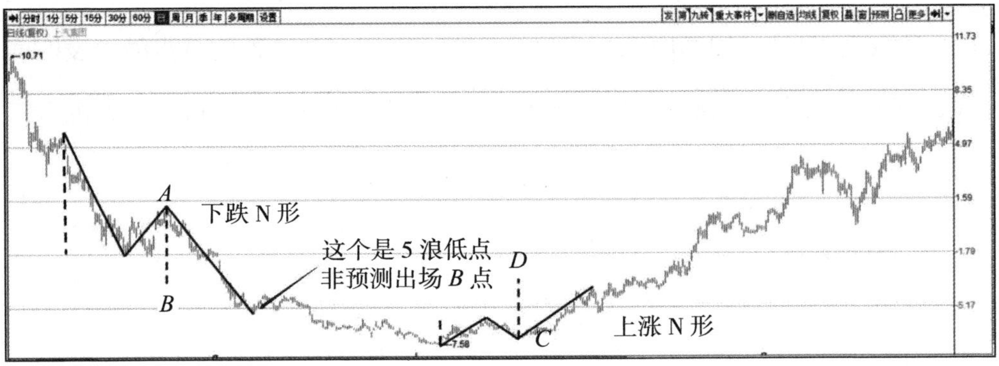

图6-9

6.1.3 V形形态

1. 定义

V形形态是指股价走势呈英文“V”字一样的走势。V形形态往往出现在趋势结束的末期，一般都会逆势突破。如图6–10所示，从V形左边的第一轮行情的最高点或最低点引一条水平线为V形的颈线。V形分为正V形和倒V形两种，正V形一般是大级别见底信号，倒V形一般是大级别见顶信号。利弗莫尔所说的“一日反转”，在形态上就表现为倒V形。

V 形形态

图6–10

还有一种形态是U形形态，如图6–11所示，可以把它并入V形结构中。二者都能预示趋势反转，不同的是，V形是趋势末尾的快速反转，表明V形关键点的支撑阻力非常强劲，而U形是在趋势末尾振荡一段时间后才强劲拉升，反映的是在趋势末尾市场还比较犹豫，多空争夺之后才选择方向，同时表明U形的关键点支撑阻力强度稍弱于V形的关键点支撑阻力。

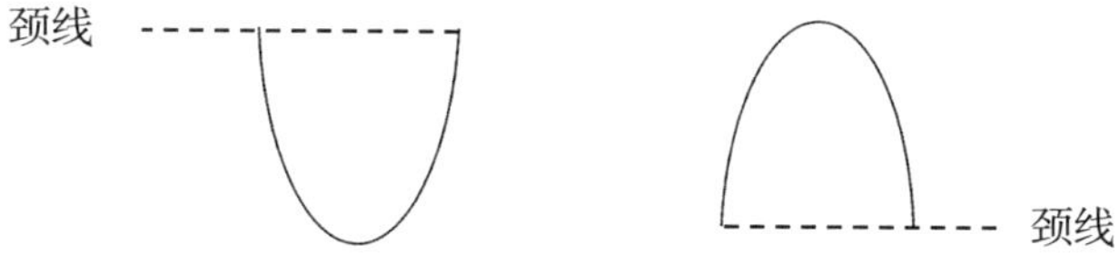

U 形形态

图6–11

2. 要点

（1）V形出现在行情中部一般意义不大，出现在行情顶部或底部且属于大型V形时，往往预示着大级别行情的反转。

（2）V形的角度越小，反转力度越强。

（3）V形越深，反转力度越强。

（4）正V形也称V形底，倒V形也称V形顶。在V形顶形成过程中，成交量会急剧放大。

3. 关键点及买卖原则

正V形左边第一轮下跌的最高点为关键点，倒V形左边第一轮上涨的最低点为关键点。

在一轮下跌趋势末尾，当价格涨破正V形颈线时为买入信号；在一轮上涨趋势末尾，当价格跌破倒V形颈线时为卖出信号。U形同理。

图6-12为新五丰日线级别K线图，行情时间跨度为2019年7月26日到2021年5月14日。如图所示，当股价升穿正V形颈线时为买入信号，从图中可见，股价突破关键点后反转大涨。当股价跌破倒V形颈线时为卖出信号，从图中可见，股价跌破关键点后见顶下跌。

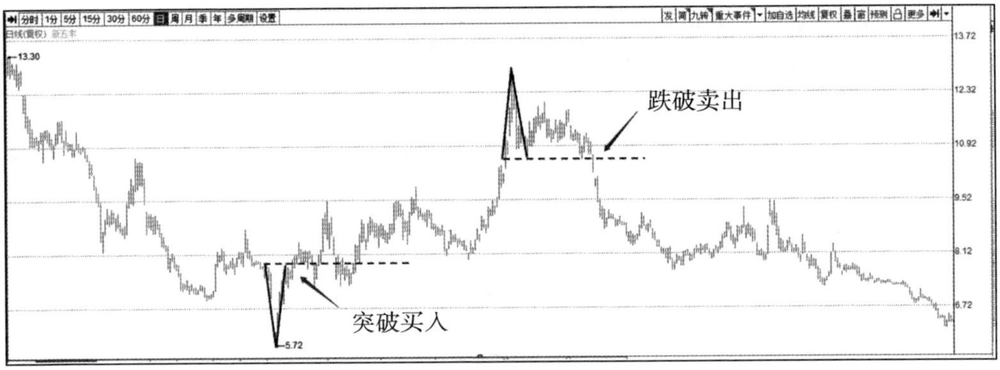

图6-12

4. 目标预测

V形发生在行情顶部比较多，也就是倒V形时常发生，且往往是大型结构，而一般正V形的结构比较小。顶部倒V形的成功率往往大于底部正V形的成功率，但这主要取决于结构形态的大小。一旦出现大型V形结构且V形非常尖时，无论是顶部倒V形还是底部正V形，发生反转的概率都会大大提高。

V形往往伴随着趋势反转，所以V形突破后，其涨跌幅度一般会非常大。可以激进地预测，第一波下跌或上涨的目标至少是前一轮熊市或牛市行情的最低点或最高点。需要注意的是，不要参与小型V形结构，小型V形结构往往容易构筑失败，目标涨跌幅度也会相对较小。

图6-13为新五丰日线级别K线图，行情时间跨度为2019年7月26日到2021年5月14日。如图所示，正V形关键点突破后，第一轮上涨目标为*A*点，*A*点为前一轮牛市行情的最高点。从图中可见，行情也是刚好到达*A*点附近就掉头下跌。倒V形关键点跌破后，第一轮下跌目标为*B*点，*B*点为前一轮熊市行情的最低点。从图中可见，下跌行情也是一直跌到了*B*点。

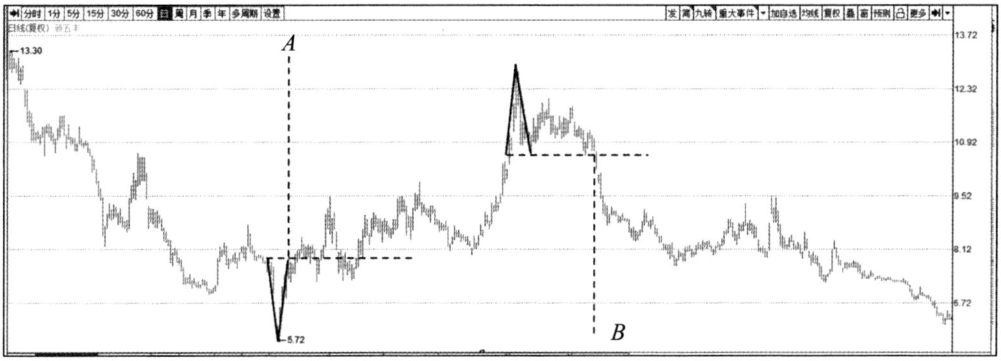

图6-13

6.1.4 W形形态

1. 定义

W形形态分为W底和M顶两种形态。股价经过一轮下跌或者上涨，在底部或者顶部形成W或M形态，往往预示趋势行情结束，是一种中期反转形态。如图6–14所示，从M顶回撤的最低点或W底反弹的最高点引一条水平线，该水平线为W形的颈线。

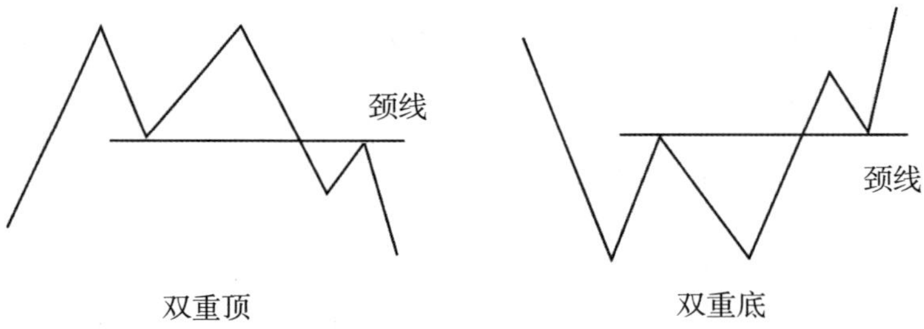

图6–14

2. 要点

（1）W形态整理的时候，成交量一般都会缩小。

（2）W形发生在行情中部时一般意义不大，发生在行情底部或顶部时，往往预示着大级别行情的反转。

（3）W底的两个低点或M顶的两个高点之间要有比较长的距离。

（4）W底的两个低点或M顶的两个高点的价格不必完全相同。

（5）一般来说，W底形态的右谷最好比左谷低，俗称“破底翻”。传统技术分析认为，正常的上涨趋势一般右谷不应该低于左谷，但这样可以导致技术结构被破坏，将不坚定的散户清洗出局。同理，在M顶形态中，一般右峰会高于左峰，俗称“破顶翻”，这样会诱骗散户追高。

3. 关键点及买卖原则

W底反弹的高点和M顶回撤的低点为关键点。

股价经过大跌，在底部形成W底后，当价格升穿W底的颈线时为买入信号；股价经过大涨，在顶部形成M顶后，当价格跌破M顶的颈线时为卖出信号。

图6–15为同花顺日线级别K线图，行情时间跨度为2014年11月10日到2015年12月2日。如图所示，M顶为“破顶翻”，W底为“破底翻”。当M顶颈线被跌破后，就要立即卖出股票，从图中可见，股价最后也是反转大跌。当W底颈线被升穿之后，应及时开仓买入，从图中可见，股价随即发生趋势反转，直线飙升。

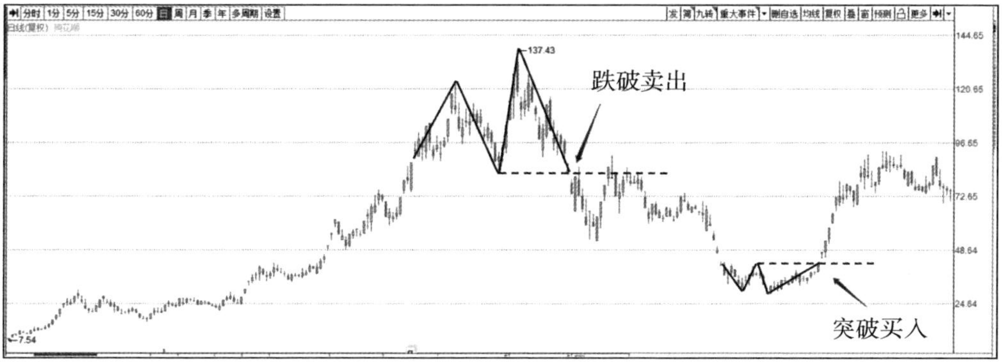

图6–15

4. 目标预测

W底和M顶往往伴随着趋势反转，所以涨跌幅度一般会非常大。同理，根据趋势定义，W底突破的第一波上涨目标至少可以达到形态左边（即前一轮）行情的最高点，而M顶第一波下跌的目标至少是前一轮行情的最低点。

注意：传统形态分析技术往往用W底和M顶的高度来预测突破后行情的运行幅度，这明显不合理。关键点的预测方式，可以最大程度地把握住大行情。但必须注意，如果W底和M顶前一轮行情的高点或低点到关键点的距离小于其高度，则要继续推到更前面的第二个高点或低点作为关键点突破后的预测目标。

图6–16为同花顺日线级别K线图，行情时间跨度为2014年11月10日到2015年12月2日。如图所示，当股价跌破M顶颈线时，第一轮下跌目标为*A′*点（*A′* 点前面也有几个行情的低点，但是到关键点的距离都小于M顶的高度，所以可以将预测目标推到*A′* 点，*A′* 点到关键的距离等于M顶的高度且*A′*点的价格也是前期的矩形关键点，具有重要的支撑作用）。当股价上穿W底颈线时，第一轮上涨目标为*B′* 点，*B′* 点是前一轮行情的高点（注意：*B′* 点之前的高点*C*不是有效的高点，只是行情振荡中的次高点，因为*B′* 和*C*的相对低点都是*D*点，所以*B′* 才是前一轮行情反弹的最高点）。

图6–16

6.1.5　三重顶、三重底形态

1. 定义

当行情经过一轮上涨或者下跌后，股价在高位或低位连续三次受阻或支撑于同一个价格，产生了三个峰或三个谷而形成的重大转势图形，称为三重顶或三重底，如图6–17所示。三重顶和三重底在形态上呈现倒像关系。三重顶回落的两个谷或三重底反弹的两个峰的连线称为颈线，颈线是行情的多空分水岭，突破颈线是三重顶或三重底成立的标志。

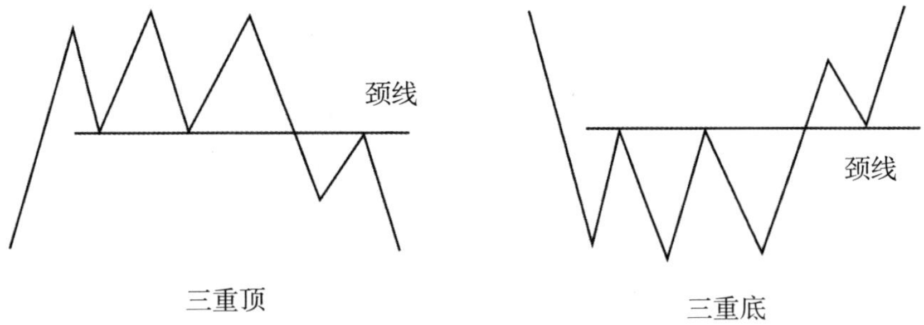

图6-17

2. 要点

（1）在三重顶或底形成的过程中，成交量是不断缩小的。

（2）三重顶的三个峰或三重底的三个谷的价格不必完全相同。

（3）三重顶的两个谷或三重底的两个峰的价格不必相等，即三重顶或三重底的颈线不必水平。

（4）三重顶的三个峰或三重底的三个谷之间需要有较长的距离，但不必等距离。

（5）三重顶或三重底形态有时候会形成多重顶或多重底，这个时候的形态等于矩形形态。

3. 关键点及买卖原则

三重顶或三重底的关键点是行情突破颈线时的价格。

当行情跌破三重顶颈线时为卖出信号，当行情升穿三重底颈线时为买入信号。

图6-18为京东方A日线级别K线图，行情时间跨度为2017年2月22日到2018年11月29日。如图所示，当股价跌破三重顶的颈线时，是熊市开始的

征兆，应当尽早卖出，及时止损。从图中可见，股价跌破关键点后，随即展开了一轮大级别的暴跌行情。

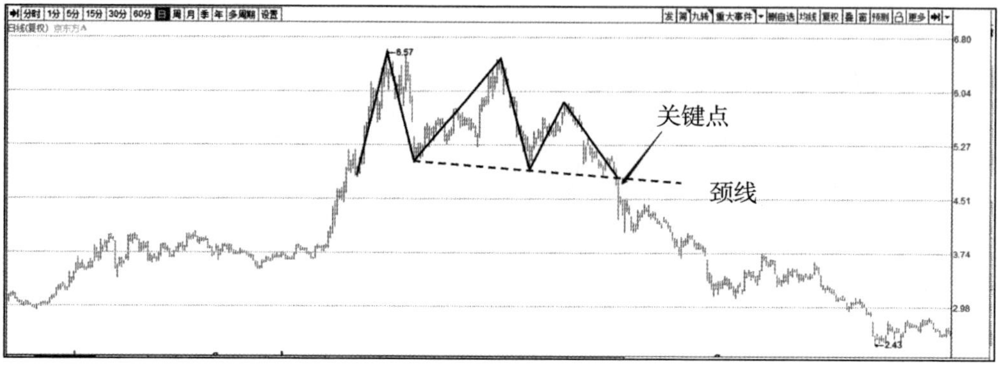

图6–18

图6–19为中国核电日线级别K线图，行情时间跨度为2020年1月23日到2020年11月03日。如图所示，当股价突破三重底的颈线时，是牛市开始的征兆，应当大胆买入。从图中可见，股价突破关键点后，股价持续攀升。

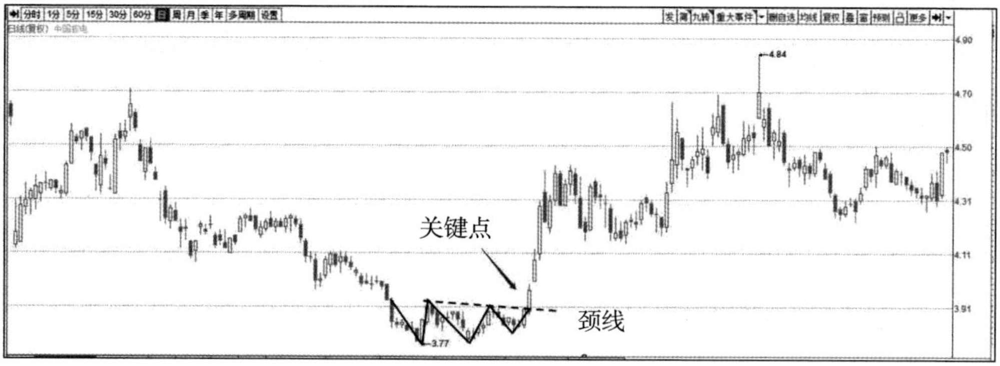

图6–19

4. 目标预测

三重顶或三重底属于重大级别的反转形态，多数时候在酝酿大级别的熊市或牛市，所以下跌或上涨的幅度一般都非常大。可以激进地预测，三重顶的第一轮目标跌幅至少是前一轮熊市行情的最低点，三重底的第一轮上涨目标幅度至少是前一轮牛市行情的最高点。

图6-20为京东方A日线级别K线图，行情时间跨度为2017年2月22日到2018年11月29日。如图所示，三重顶第一轮行情的下跌目标为*A*点，*A*点是前期熊市行情的最低点。从图中可见，行情一直跌到*A*点才有所反弹，随后行情继续下跌。

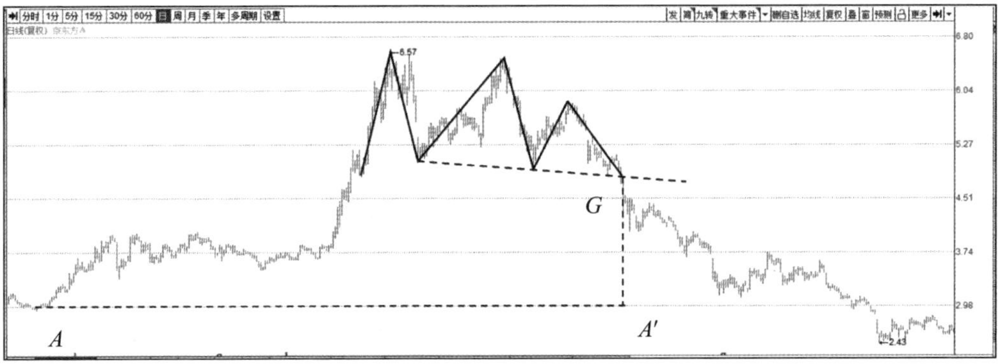

图6-20

图6-21为中国核电日线级别K线图，行情时间跨度为2019年12月16日到2020年12月30日。如图所示，三重底第一轮行情的上涨目标为*A*点，*A*点是前期牛市行情的最高点。从图中可见，行情刚好涨至*A*点开始掉头下跌。

图6-21

6.1.6 头肩形态

1. 定义

头肩形态，顾名思义就是像人的一个头和两个肩膀的K线形态。头肩形态分为头肩顶和头肩底两种形态。头肩顶或头肩底由一个主升势或主跌势隔开两个不一定相同的弱升势或弱跌势（肩部）组成。当股价经过一轮下跌或者上涨，在底部或者顶部形成头肩形态，往往预示着趋势行情结束，是一种大型反转形态。如图6-22所示，两个肩部低点（高点）连接起来的直线为头肩形态的颈线。

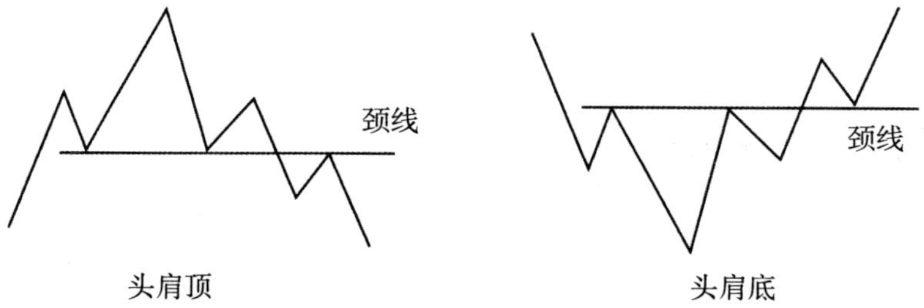

图6-22

2. 要点

（1）在头肩形态形成过程中，成交量是不断缩小的。

（2）一般来说，头肩底中两肩的高点或头肩顶中两肩的低点大致相等，但不必完全相等。

（3）头肩形态的峰（谷）之间必须有比较长的距离。

（4）头肩顶两个回撤的低点或头肩底两个反弹的高点的价格不必完全相同，即头肩形态的颈线不必水平。

（5）有时候会形成复合头肩形态，也就是说，振荡周期足够长的条件下，头肩形的峰或谷由多个小峰或小谷组成。

3. 关键点及买卖原则

股价突破头肩形态颈线时的价格为关键点。

股价经过大跌或大涨之后，在底部或顶部形成头肩形态，当价格升穿头肩底颈线时为买入信号，当价格跌破头肩顶颈线时为卖出信号。

图6–23为中银绒业日线级别K线图，行情时间跨度为2006年11月8日到2009年2月11日。如图所示，当股价跌破头肩顶的颈线时，应及时卖出，因为行情可能转入熊市了。从图中可见，股价随后见顶暴跌。

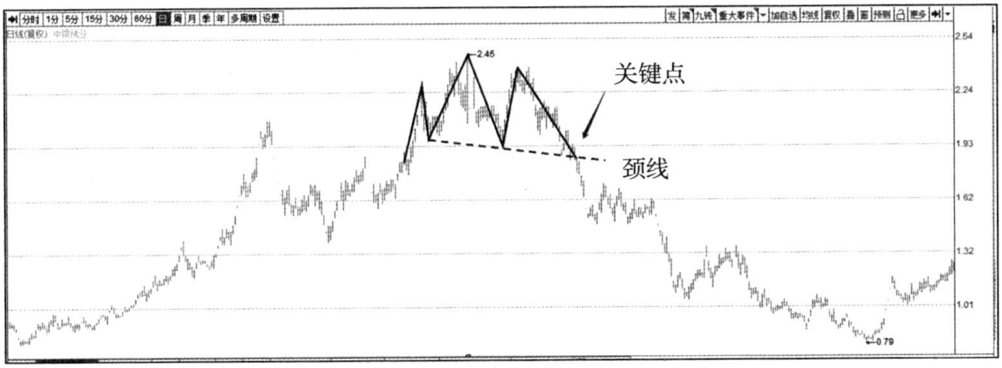

图6–23

图6–24为中银绒业日线级别K线图，行情时间跨度为2007年8月14日到2009年11月3日。当股价升穿头肩底的颈线时，预示牛市已经来临，应当积极入市。从图中可见，股价随后不断上行。

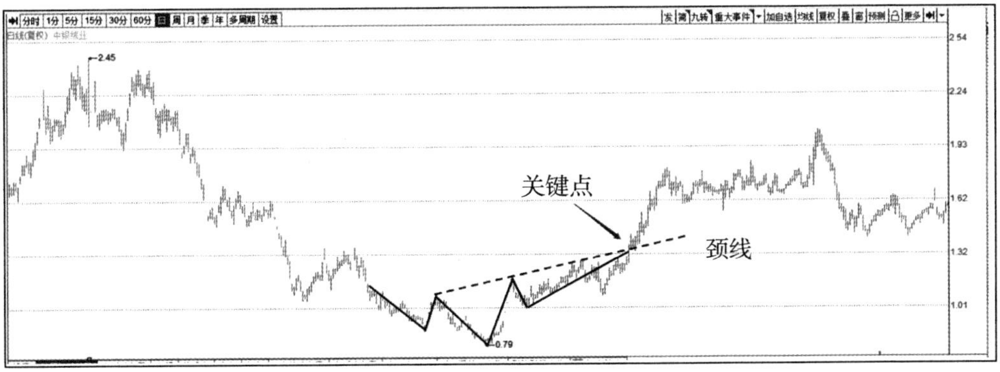

图6–24

4. 目标预测

头肩形态往往伴随着趋势反转，所以涨跌幅度一般会非常大。和三重顶或三重底一样，头肩顶的第一轮目标跌幅至少是前一轮熊市行情的最低点，头肩底的第一轮目标涨幅至少是前一轮牛市行情的最高点，但不能小于头肩底的高度。

图6-25为中银绒业日线级别K线图，行情时间跨度为2006年11月8日到2009年2月11日。如图所示，头肩顶第一轮行情的下跌目标为*A*点，*A*点是前期熊市行情的最低点。从图中可见，行情一直跌到*A*点才开始反弹上涨。

图6-25

图6-26为中银绒业日线级别K线图，行情时间跨度为2007年8月14日到2009年11月3日。如图所示，头肩底第一轮行情的上涨目标为*A*点，*A*点是前期牛市行情的最高点。

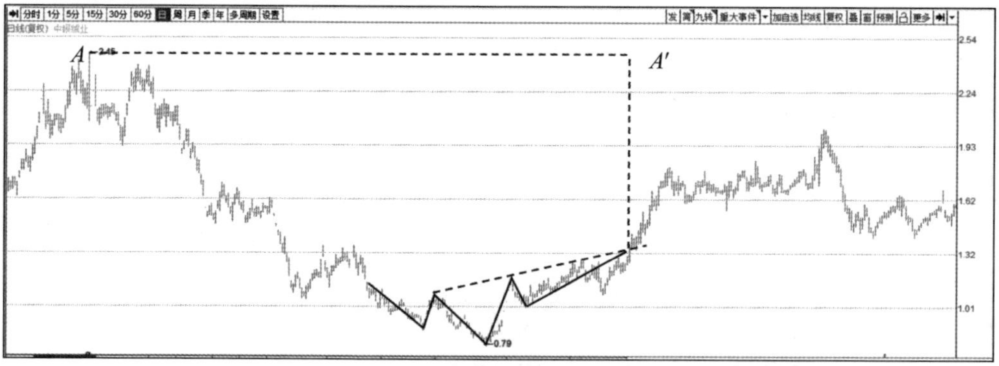

图6-26

6.1.7 旗形形态

1. 定义

旗形形态是指行情走势形态像一面挂在旗杆上的旗帜，由旗杆和旗面构成，如图6–27所示。旗形分为上升旗形和下降旗形。行情经过一轮大涨或者大跌之后，形成了一个与原来趋势相反的旗形整理结构，此时成交量一般都会不断缩小。旗形虽然表现出逆趋势走势，但在其突破的时候，往往都会顺着原来趋势的方向，所以旗形是一种趋势延续形态。

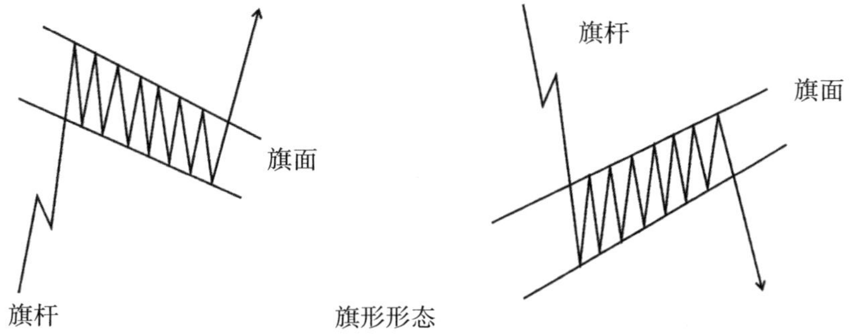

图6–27

2. 要点

（1）旗形一般出现在强劲的趋势行情中，也就是说，必须是大涨或大跌了一波后，旗形才会有效。

（2）旗形整理必须是紧密型的，且成交量必须急剧缩小。高成交量的旗形可能出现趋势逆转，也就是说，会向趋势相反的方向突破。

（3）旗杆的斜率越大，后期突破时，顺势运动的幅度也越大。

（4）旗形不必是平行四边形，当上下两边趋于一点收敛时，就会变成三角旗形，如图6–28所示。

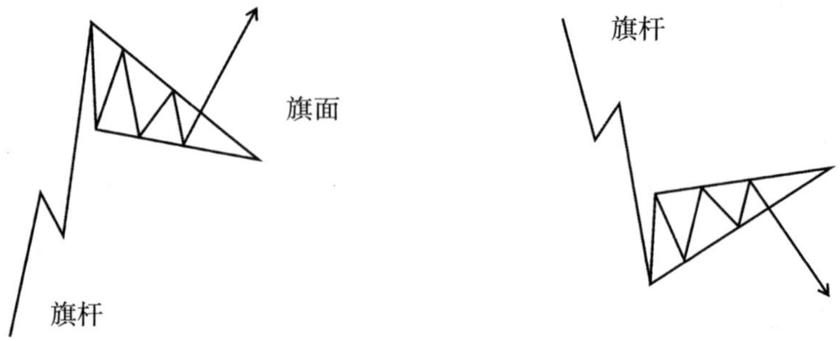

三角旗形

图6-28

3. 关键点及买卖原则

股价突破旗形边界时的价格就是关键点。

股价经过大涨或大跌，形成上升旗形或下降旗形后，当价格突破上升旗形上边线时，为买入信号；当价格跌破下降旗形下边线时，为卖出信号。

图6-29为天原股份日线级别K线图，行情时间跨度为2020年4月2日到2021年1月1日。如图所示，股价突破上升旗形关键点后，可以买入股票，从图中可见，股价随后连番上涨；股价跌破下降旗形关键点后，应及时卖出，从图中可见，股价随后继续下挫。

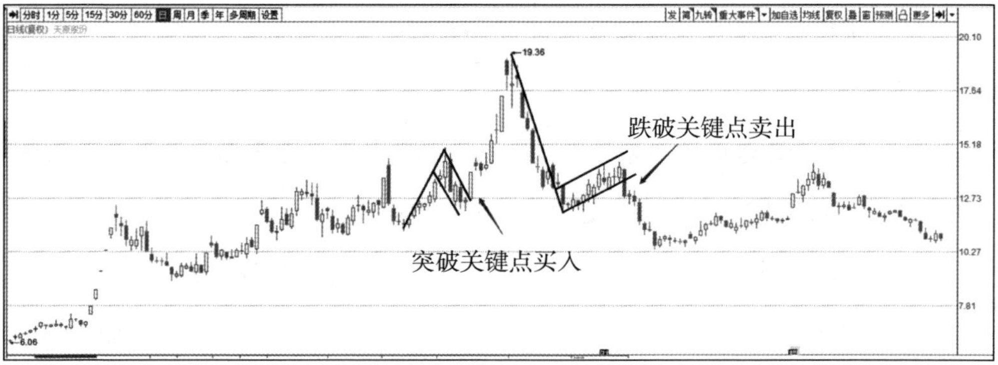

图6-29

4. 目标预测

旗形突破后的涨跌幅一般会大于或等于整个旗杆的长度。

图6-30为天原股份日线级别K线图，行情时间跨度为2020年4月2日到2021年1月1日。如图所示，当股价涨破上升旗形后，上升目标为*D*点（*AB*=*GD*，其中*AB*是旗杆的垂直高度，*G*点为关键点）；当股价跌破下降旗形后，下跌目标为*H*点（*EF*=*G*′ *H*，其中*EF*是旗杆的垂直高度，*G*′ 点为关键点）。

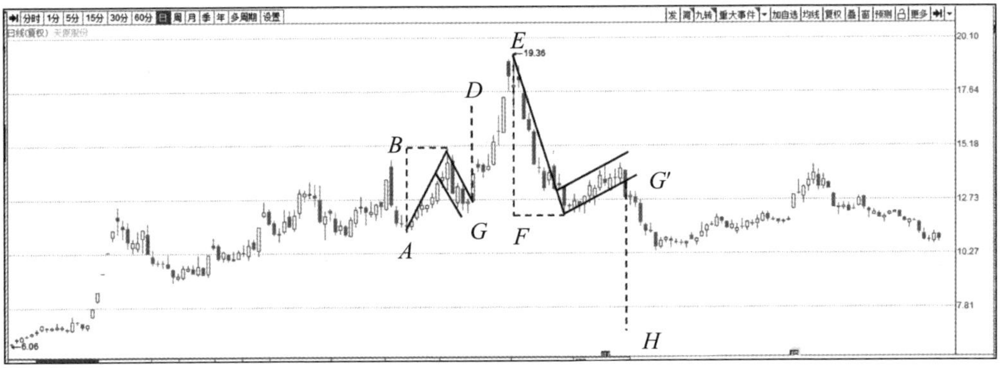

图6-30

6.1.8 圆弧形态

1. 定义

圆弧形态是指形状像锅底的一种K线形态，是一种大级别的调整形态。在圆弧形态形成过程中，趋势的变化看起来非常缓慢，行情动能非常小。在长时间的消耗中，各种指标都会出现钝化，往往会磨掉很多投资者的耐性，一般伴随着大级别行情的牛熊转换。圆弧形态可以分为圆弧顶和圆弧底两种形态，由圆弧左侧的高点或低点引出一条水平线，为圆弧形态的颈线，如图6-31所示。

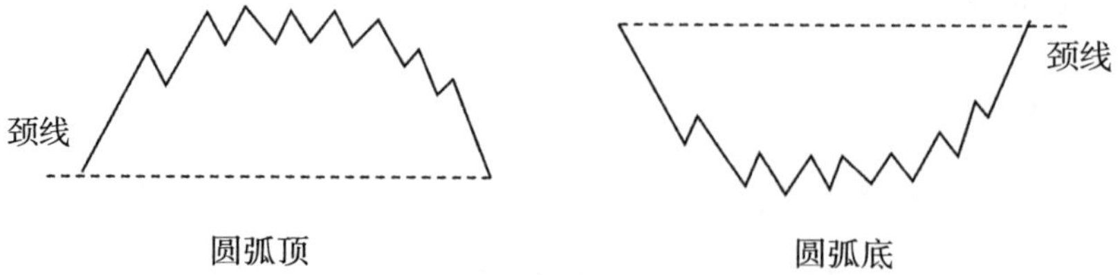

图6-31

2. 要点

（1）在圆弧形态形成时，成交量的变化是先减少后增加。

（2）圆弧形态代表的是巩固期，也就是蓄势期，所以持续时间越长越有效。

（3）在圆弧形态的顶部或底部，价格波动必须是很小的幅度，好似市场进入了“休眠期”，也就是说顶部或者底部越圆越好。

（4）当圆弧形态形成后，股价没有马上下跌或上涨，只是重复横向发展，形成很小的平台整理区域，这个平台整理区域称为杯柄。

（5）圆弧顶或圆弧底往往发生在行情的顶部或底部，当圆弧形态出现在行情的中部时，就会出现欧奈尔所谓的杯柄延续形态。

3. 关键点及买卖原则

股价突破圆弧形态颈线时的价格为关键点。

股价经过大涨或大跌形成圆弧形态后，当价格跌破圆弧顶颈线时为卖出信号，当价格升穿圆弧底颈线时为买入信号。

图6-32为东方生物日线级别K线图，行情时间跨度为2020年4月21日到2022年1月25日。如图所示，*A*点为圆弧底的关键点，当股价升穿圆弧底颈线时，为买入信号。从图中可见，股价随后继续上涨。

图6-33为惠发食品日线级别K线图，行情时间跨度为2020年2月25日到2021年12月2日。如图所示，*B*点为圆弧顶的关键点，当股价跌破圆弧顶

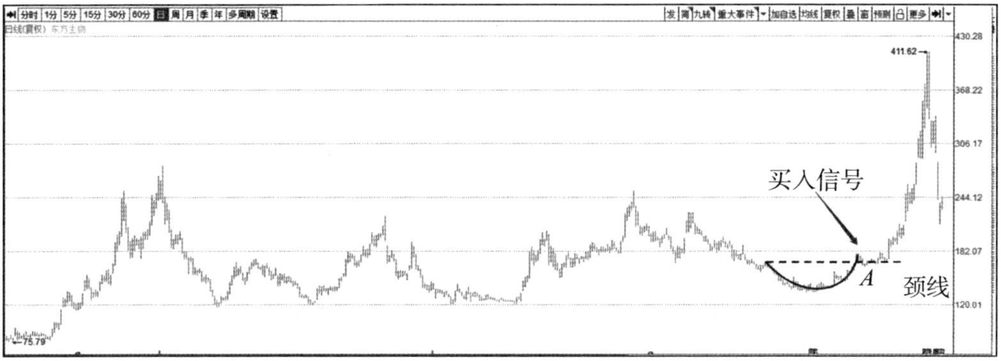

图6-32

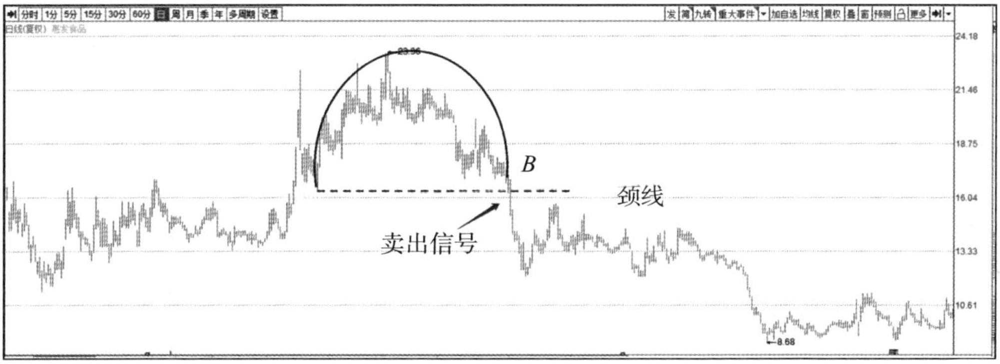

图6-33

颈线时，为卖出信号。从图中可见，股价随后也是加速下跌。

4. 目标预测

圆弧顶和圆弧底是大型反转形态，形态一旦成立，涨跌幅往往都非常大。一般可以大胆预测，圆弧顶的颈线被突破后，第一轮目标跌幅至少是前一轮熊市行情的最低点；圆弧底的颈线被突破后，第一轮目标涨幅至少是前一轮牛市行情的最高点。

图6-34为惠发食品日线级别K线图，行情时间跨度为2020年1月17日到2021年11月5日。如图所示，圆弧顶突破后第一轮行情的下跌目标为*A*点，*A*点是前期熊市行情的最低点。从图中可见，行情不但跌到了*A*点，而且

随后跌穿了A点，因此以前轮熊市的最低点来预测圆弧顶关键点突破后的目标是合适的。

图6-35为东方生物日线级别K线图，行情时间跨度为2020年４月21日到2022年1月25日。如图所示，圆弧底第一轮行情的上涨目标为A点，A点是前期牛市行情的最高点。从图中可见，股价强势突破A点后继续上涨，用前一轮牛市最高点来预测圆弧底关键点突破后的目标，看起来有些保守。不过需要注意的是，必须是突破大型的圆弧形态，上述结论才有效，本章提及的所有形态都不考虑小型级别的K线形态。

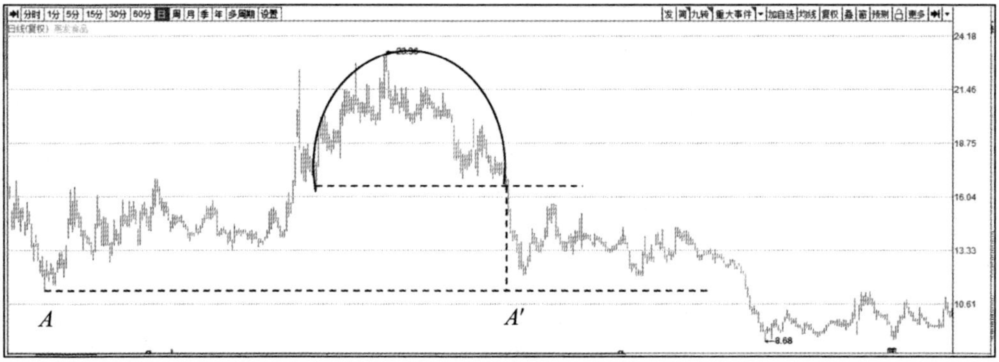

图6-34

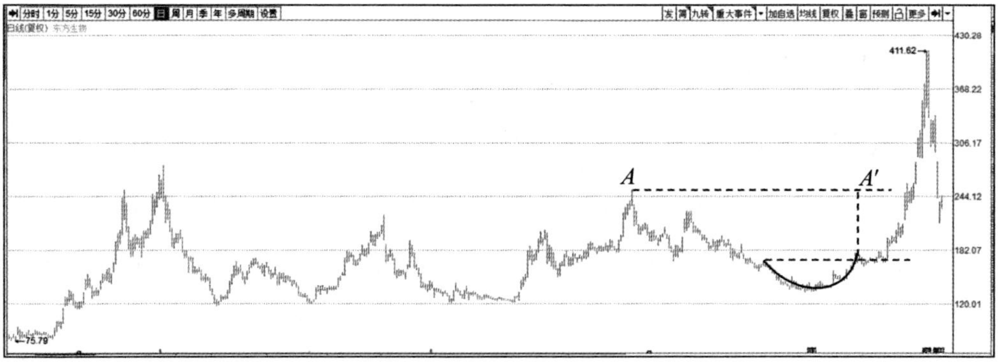

图6-35

6.1.9　杯柄形态

1. 定义

杯柄形态是欧奈尔提出的一种K线形态。一般圆弧形态形成后，并不是直接上涨或下跌，而是在其右侧小幅整理，形成一个看似带柄茶杯的K线形态。当这种形态出现在行情中部时，就是欧奈尔所说的杯柄持续形态。如图6–36所示，从杯柄形态中轴的最高点引一条水平线，即为该形态的颈线。

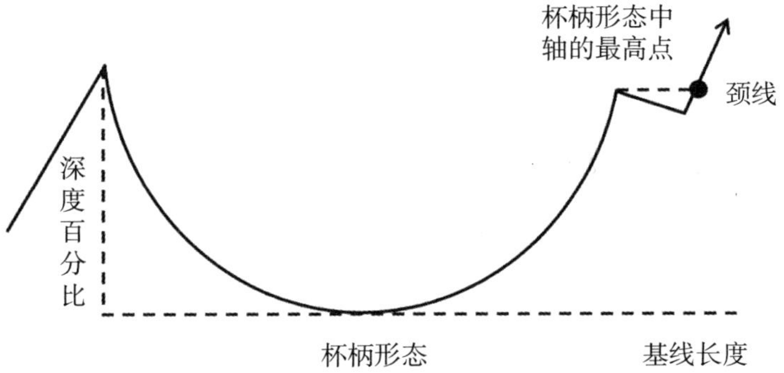

图6–36

2. 要点

（1）趋势：圆弧形态与杯柄形态的区别是，前者一般是出现在行情顶部或底部的反转形态，后者是出现于行情中部的延续形态。也就是说，杯柄形态之前的趋势为上升趋势，理想情况下，这个上升趋势持续的时间为数月，且还处于趋势早期。一般来说，上升趋势越成熟，那么该持续形态的成功率越低。

（2）杯身：杯身的形态应该为U形，看起来像个圆底，曲线越缓越好。完美的情况下，“杯子”两边的高度应相等。杯柄形态中，回撤的深度为此前上升趋势的1/3或更少。对于波动大的市场，这个回撤幅度可以是1/3到1/2，极端情况下可以达到2/3；形成“杯子”的时间一般为1到6个月，由于圆底表示整固蓄势阶段，所以形成杯子的时间越长越好。

（3）杯柄：柄的形状是向下倾斜的旗形、小三角形或一个简单的小回撤，但都表现为短期、紧密的走势，代表了盘整期的收敛性；杯柄回撤的深度可以达到杯子高度的1/3，但最好不要超过这个幅度。杯柄回撤的幅度越小，对后期的拉升越有利；杯柄形成的时间比较短，一般为1至4周。

（4）成交量：形成杯身的时候，成交量是先缩小后放大。在杯柄形成期，成交量再次缩小。当杯柄突破的时候，成交量再次放大。

3. 关键点及买卖原则

杯柄形态中轴的最高点为关键点。

股价经过一轮上涨，然后开始调整，形成杯柄形态。当价格突破杯柄的关键点时，为买入信号。

图6-37为顾地科技日线级别K线图，行情时间跨度为2015年7月27日到2018年3月21日。如图所示，*A*点为关键点，当股价突破*A*点时，就是强烈的买入信号。从图中可见，后期价格也和预期一样蹭蹭上涨。

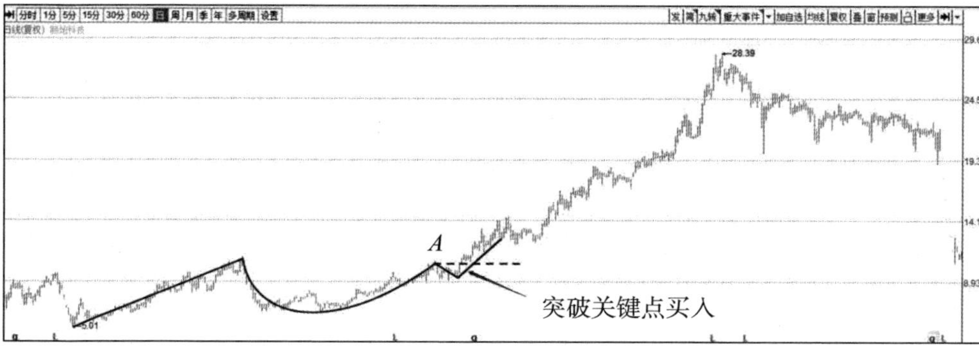

图6-37

4. 目标预测

杯柄形态一般都是大型整理形态，往往会历时数月乃至数年，所以突破后的涨跌幅往往都非常大。在杯柄形态起涨点买入后，应该不设定目标，以跟踪止损的方式出场（欧奈尔以杯身底部最低点到杯身右边波峰的垂直距离作为预测涨幅，在A股中往往会造成卖飞的情况。因为大多数情况下，杯子的深度相对于后期涨幅来说微不足道，所以应该采用移动跟踪止损的方式出局，股价上涨多少，我们就赚多少，绝不错过大牛股）。

图6–38为顾地科技日线级别K线图，行情时间跨度为2015年7月27日到2018年3月21日。如图所示，股价在形成杯柄形态后大幅暴涨，如果在起涨点买入，最高点出场可暴赚200%左右，采取跟踪止损方法可以赚取绝大部分行情的利润。从图中可见，如果以杯子最低点到右边波峰的垂直距离为上涨预期目标，则会早早离场，获利甚少，连个“鱼头”都没赚到。

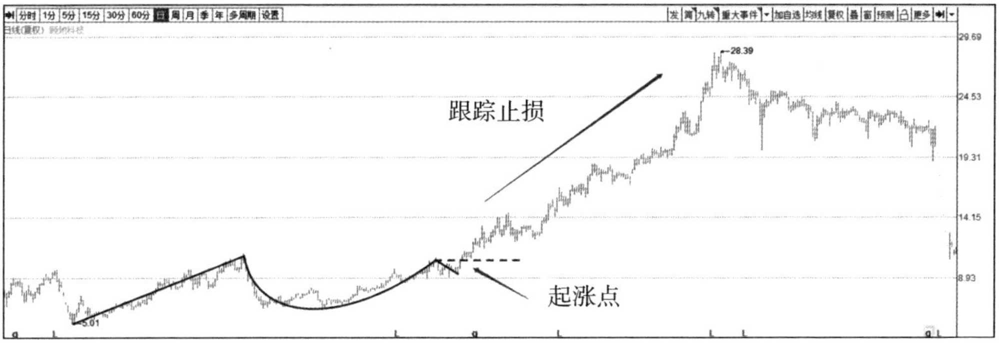

图6–38

在欧奈尔所著的图书中，他是以美股为例来讲解杯柄形态的。A股和美股有诸多不同的地方，必须结合A股的走势特点来应用，不能完全照搬欧奈尔书中的做法。相比于成熟的美股来说，A股市场的行情走势更加非理性，一旦形态成立，涨幅往往会放得更大。

6.1.10 三角形形态

1. 定义

三角形形态是一种收敛于一点的小型整理形态，可以分为上升三角形、下降三角形和对称三角形。三角形可以是反转形态，也可以是延续形态。

如图6-39所示，上升三角形是指行情在一个上边线是水平线的三角形中振荡整理，一般行情会向上突破。

如图6-40所示，下降三角形是指行情在一个下边线是水平线的三角形中振荡整理，一般行情会向下突破。

如图6-41所示，对称三角形是指行情在一个上边线朝下、下边线朝上的三角形中振荡整理，行情有时候会向上突破，有时候会向下突破。

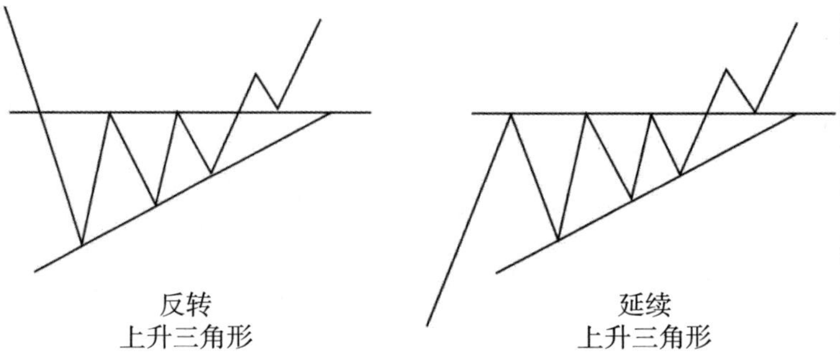

图6-39

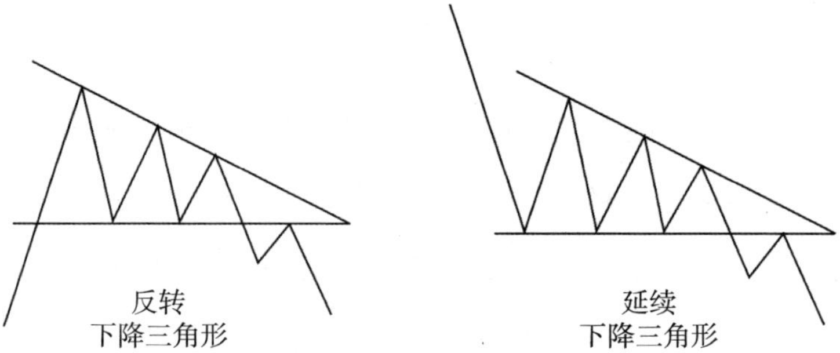

图6-40

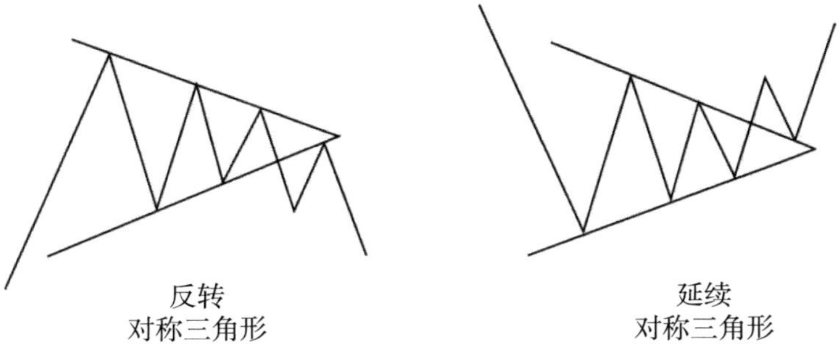

图6-41

2. 要点

（1）三角形形态顺势突破的时候，情况和三角旗形相似，它们之间主要的区别是三角旗形是紧密型的。

（2）在上升或下降三角形中，有一条边是水平的，这条边就是行情突破的最小阻力方向。

（3）在上升三角形中，价格不断地测试三角形水平边线的压力，而下方价格振荡的低点不断抬高，表明行情非常强势。在下降三角形中，价格不断测试三角形水平边线的支撑，而上方价格振荡的高点不断下降，表明行情非常弱势。

（4）在三角形整理期，行情波动越来越小，趋向收敛于一点，且成交量是不断缩小的。

（5）三角形形态是一种小型整理结构，突破后，一般行情涨跌幅度也不会很大。

3. 关键点及买卖原则

上升三角形和下降三角形的关键点是水平边线对应的价格，对称三角形的关键点是股价突破三角形时的价格。

当股价升穿上升三角形的水平边线时，为买入信号；当股价跌破下降三角形的水平边线时，为卖出信号。

当股价向上突破对称三角形边线时，为买入信号；当股价向下跌破对称三角形边线时，为卖出信号。

图6-42为立讯精密日线级别K线图，行情时间跨度为2019年11月9日到2020年6月2日。如图所示，当上升三角形的上边线被突破后，为买入信号。

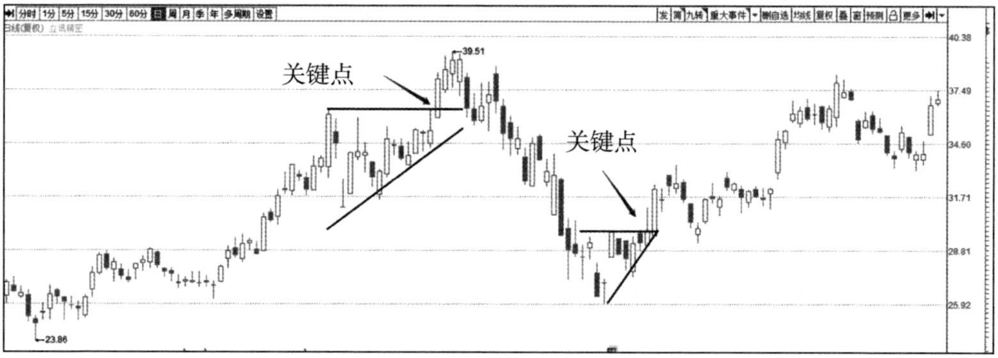

图6-42

图6-43为分众传媒日线级别K线图，行情时间跨度为2018年5月30日到2019年3月5日。如图所示，当下降三角形的下边线被跌破后，为卖出信号。

图6-43

图6-44为美的集团日线级别K线图，行情时间跨度为2018年5月3日到2019年7月23日。如图所示，因为对称三角形向上突破和向下突破的概率相当，在实际操作过程中，只需要等待对称三角形突破之后，顺着突破的方向买进就可以了。

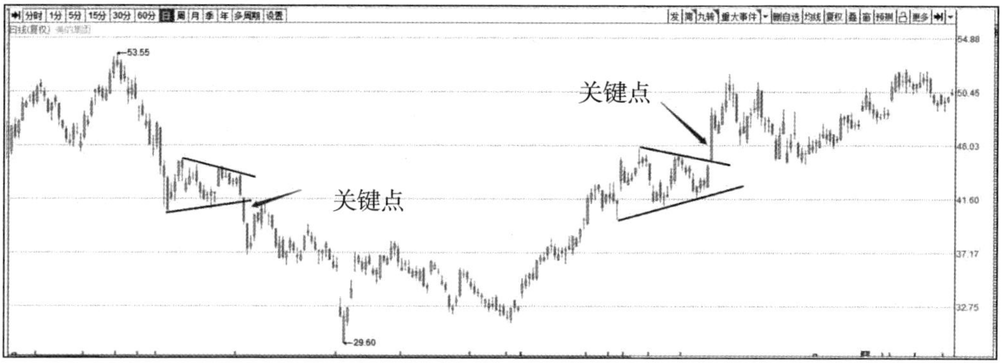

图6-44

4. 目标预测

三角形突破后的目标涨跌幅一般等于三角形整理期的最高点到最低点的垂直距离，即三角形的高度。

图6-45为立讯精密日线级别K线图，行情时间跨度为2019年11月9日到2020年6月2日。如图所示，当股价升穿上升三角形①和上升三角形②后，上涨的目标价分别为A'点和B'点，其中$OA=OA'$，$O'B=O'B'$，O和O'点分别为上升三角形①和上升三角形②的关键点，OA和$O'B$分别为两个上升三角形的高度。

图6-46为分众传媒日线级别K线图，行情时间跨度为2018年5月30日到2019年3月5日。如图所示，当股价跌破下降三角形①和下降三角形②后，下跌目标价分别为A'点和B'点，其中$OA=OA'$，$O'B=O'B'$，O和O'点分别为下降三角形①和下降三角形②的关键点，AO为和BO'分别为两个下降三角形的高度。

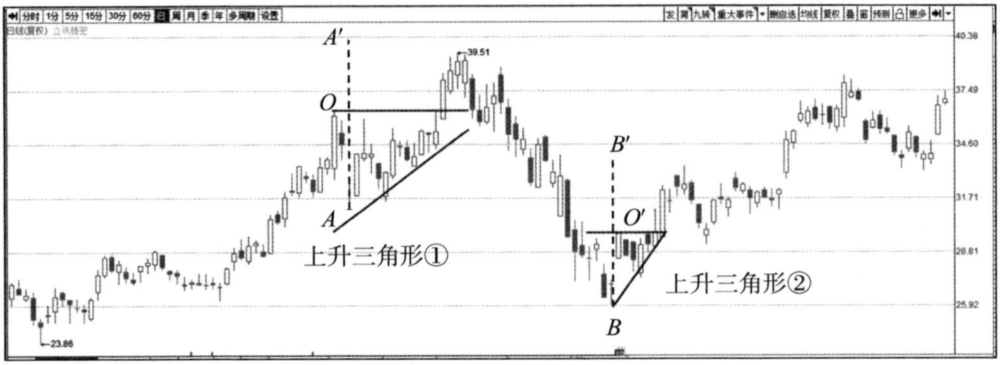

图6-45

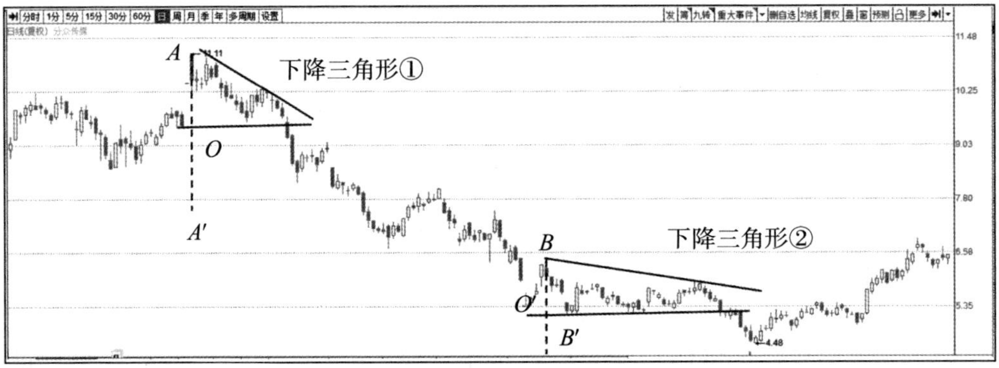

图6-46

图6-47为美的集团日线级别K线图，行情时间跨度为2018年1月30日到2020年1月13日。如图所示，当股价跌破对称三角形①和对称三角形②后，

图6-47

下跌和上涨目标分别为C点和F点，其中$AB=OC$，$DE=O'F$，O和O'点分别为对称三角形①和对称三角形②的关键点，AB和DE分别为两个对称三角形的高度。

6.1.11 楔形形态

1. 定义

楔形形态是行情运行过程中高点和低点都不断抬高或降低且收敛于一点的整理形态，楔形形态往往出现在行情的顶部或底部，是一种中型反转形态。如图6-48所示，楔形形态分为下降楔形和上升楔形两种。

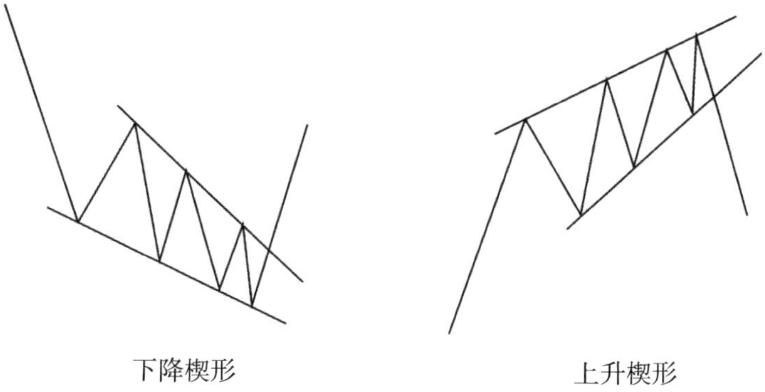

图6-48

2. 要点

（1）楔形和三角形以及三角旗形有些类似，其最主要的区别是楔形的两条边朝同一个方向延伸（同为向上或同为向下），而三角形以及三角旗形的两条边的方向不同。

（2）楔形整理期内，价格波动越来越小，成交量也不断缩小，表现出一种上升越来越乏力或下跌越来越弱的迹象，也就是趋势走势有强弩之末的意味。

（3）形成楔形的首要条件是，先前经过一轮明显的上涨或下跌，收敛蓄势后，一般是反向突破。

（4）有时候股价可能会一直移动到楔形的尖端，出了尖端后还稍做上升或下跌，然后才大幅下跌或上升，这属于行情的诱骗现象。实战中应重点关注突破时成交量是否放大，如果突破时成交量没有放大，那么很可能是假突破。

（5）上升楔形和下降楔形有一点明显不同，上升楔形在跌破关键点后，经常会出现急跌；下降楔形上穿关键点后，走势可能会依旧表现沉闷，继续振荡一段时间，行情才会活跃起来。

3. 关键点及买卖原则

股价经过一轮上涨后形成上升楔形，股价跌破上升楔形时的价格就是关键点；股价经过一轮下跌后形成下降楔形，股价突破下降楔形时的价格就是关键点。

当股价突破下降楔形的关键点时，为买入信号；当股价跌破上升楔形的关键点时，为卖出信号。

图6-49为普莱柯日线级别K线图，行情时间跨度为2015年5月20日到2020年9月28日。如图所示，当股价跌破上升楔形时，应立即卖出，这样可以规避巨大亏损。

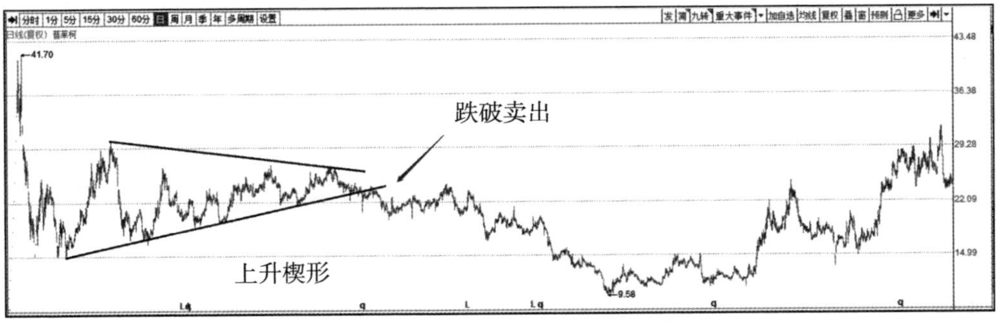

图6-49

图6-50为中国核电日线级别K线图，行情时间跨度为2019年9月9日到2020年10月12日。如图所示，当股价上穿下降楔形时，是非常好的抄底买入时机。

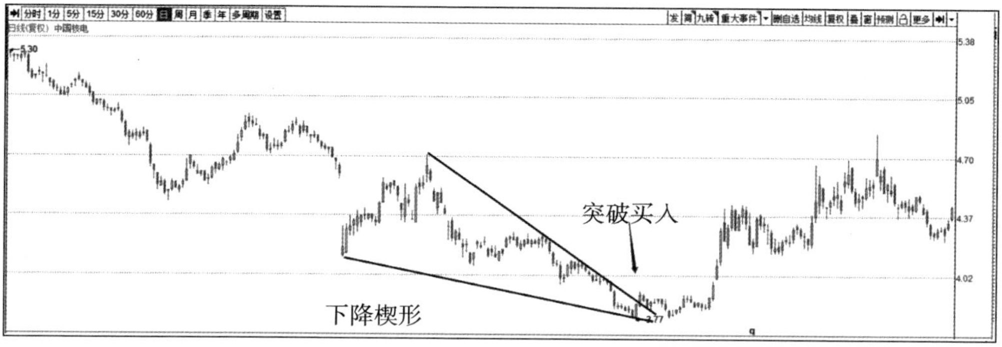

图6-50

4. 目标预测

楔形属于一种中型级别的反转形态，是行情处于动能衰竭时的反转形态，反转的力度相对比较强。尤其是上升楔形，一旦跌破关键点，往往都会快速暴跌。一般以楔形的高度来预测突破后的第一轮目标涨跌空间。

图6-51为普莱柯日线级别K线图，行情时间跨度为2015年5月20日到2020年9月28日。如图所示，当股价跌穿上升楔形的关键点后，预测第一轮下跌目标为C点（$AB=GC$，其中AB为楔形的高度，G点为关键点）。从图中可见，股价跌至C点附近开始反转上涨。

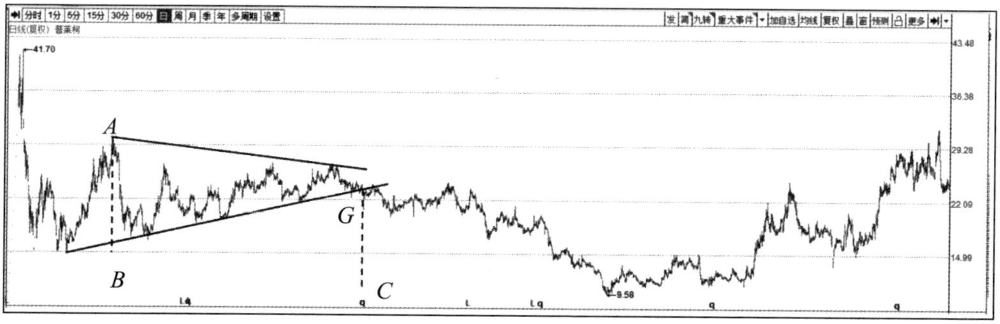

图6-51

图6-52为中国核电日线级别K线图，行情时间跨度为2019年9月9日到2020年10月12日。如图所示，当股价涨破楔形后，预测第一轮上涨目标为C点，其中AB为楔形的高度，且$AB=GC$，G点为关键点。从图中可见，股价升至C点附近即掉头下跌。

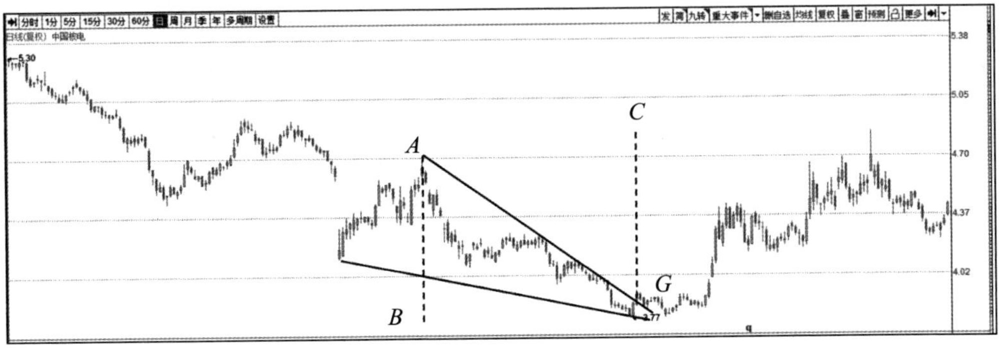

图6-52

6.1.12 菱形形态

1. 定义

菱形形态由一个扩散三角形和一个收敛三角形构成，因酷似“钻石”，所以也称为钻石形态，是一个比较特殊且少见的大型反转形态。如图6-53所示，菱形分为上升菱形和下跌菱形两种。

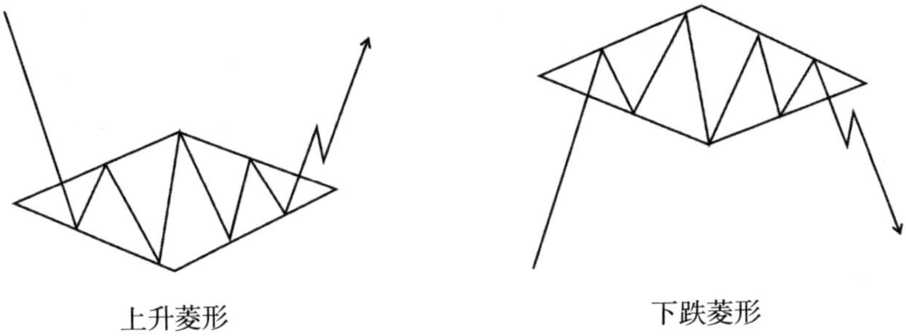

图6-53

2. 要点

（1）菱形左边是一个扩散三角形，扩散三角形一般都预示行情会下跌。右边是一个收敛的对称三角形，对称三角形是一个中性的整理形态，向上和向下突破的概率相当。菱形多出现在下跌途中或顶部区域，很少出现在底部区域或上涨途中，是一种常见的看跌形态。在上涨或下跌途中的菱形称为中继菱形，在顶部或底部的菱形称为反转菱形。

（2）菱形成交量一般表现为先缩小后扩大，然后再次缩小。

（3）菱形虽然少见，但只要该形态出现了，一般概率比较高，甚至能达到80%左右。

3. 关键点及买卖原则

股价突破菱形时的价格就是关键点。

当股价向下跌破菱形的关键点时，为卖出信号；当股价向上突破菱形的关键点时，为买入信号。

图6-54为冀东水泥日线级别K线图，行情时间跨度为2020年1月16日到2021年2月10日。如图所示，当股价跌破中继菱形时，应无条件地抛光筹码，避免深套。从图中可见，股价随后跌跌不休。

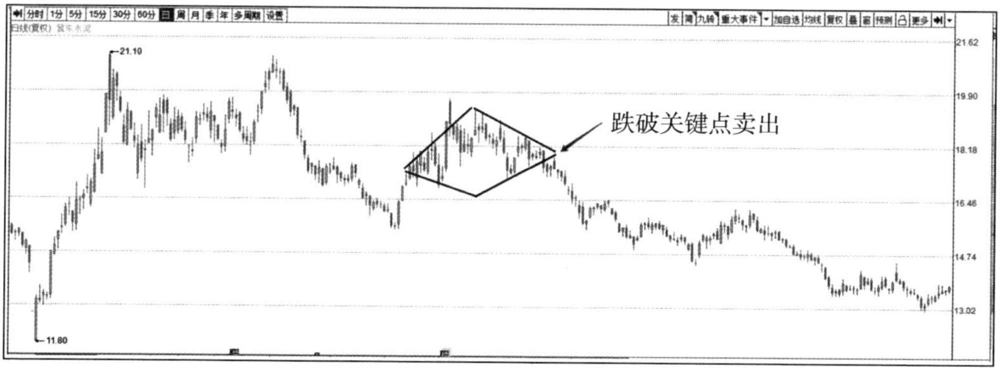

图6-54

图6-55为晨鸣纸业日线级别K线图，行情时间跨度为2016年9月29日到2022年1月25日。如图所示，当股价涨破底部菱形时，为强势买入信号，应当快速建立头寸，等待牛市启动。从图中可见，股价随后强劲拉升近140%。

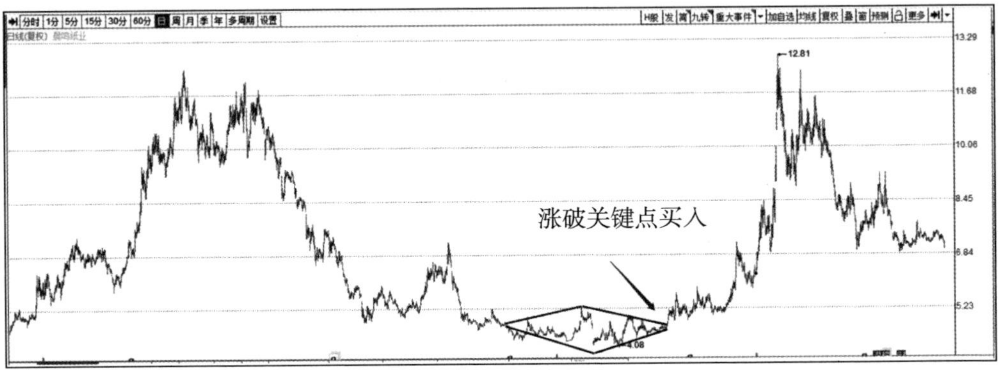

图6-55

4. 目标预测

菱形是由两个三角形组成的，属于大型整理形态，多数会引发趋势彻底反转，因此突破后涨跌幅往往都比较大。顶部或底部菱形以前一轮熊市或牛市的最低点或最高点作为关键点突破后的预测目标，中继菱形以其高度作为关键点突破后的预测目标。

底部或顶部菱形是非常少见的形态，一旦突破，则概率非常高，涨跌幅度难以想象，所以在预测目标的时候，可以更激进大胆一些，因为底部或顶部菱形远远超过前一轮牛市或熊市的波幅并不在少数。

图6-56为中科曙光日线级别K线图，行情时间跨度为2018年1月9日到2019年1月25日。如图所示，股价跌破菱形后的下跌目标为A点，A点为前一轮熊市的最低点。

图6-56

图6-57为晨鸣纸业日线级别K线图，行情时间跨度为2016年9月29日到2022年1月25日。如图所示，股价上穿菱形后的上涨目标为C点，C点为前一轮牛市的最高点。

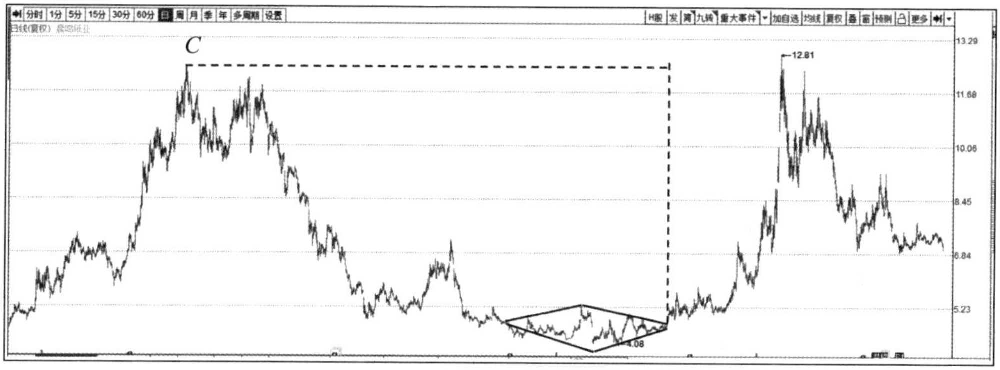

图6-57

图6-58为冀东水泥日线级别K线图，行情时间跨度为2020年1月16日到2021年2月10日。如图所示，股价跌破中继菱形后的下跌目标为C点，其中$AB=GC$，AB为菱形的高度，G点为关键点。

本节重点提示：形态关键点不会提前指示形态会朝哪个方向突破（哪怕预测也最多是心理上的，绝对不能作为操作的依据）。市场并不是人们可以预测的，市场有其自己的生命，不以任何人的意志而改变。往往我们赚钱了，并不是我们预测对了，而是我们顺应了市场。就像利弗莫尔所说，千错

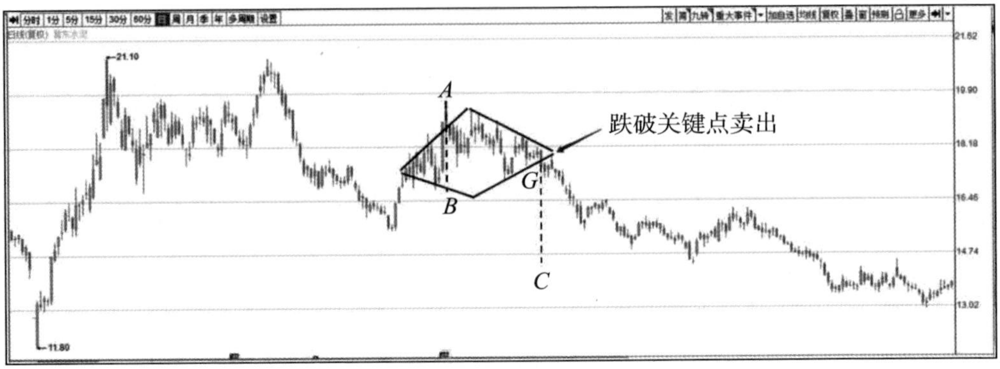

图6-58

万错，市场永远不会错，错的只是大家。

关键点交易法很简单，比如行情朝三角形哪条边突破，我们就跟随它去操作。这个规则包括所有形态。比如旗形，一般认为它会朝原趋势方向突破，但是如果它逆向突破，大家依然要顺着突破的方向去操作，并且不需要任何其他理由，应该无条件相信市场！因为市场正在突破，这就是最好的理由。

再比如楔形，虽然其多数会逆向突破，但有时候也会在行情中部成为中继上涨形态。理论上，形态没有固定的突破方向，唯有市场本身才是最准确的方向。

图6-59为潍柴动力日线级别K线图，行情时间跨度为2019年5月24日到2020年6月16日。如图所示，行情经过一轮上涨后，在行情中部形成楔形，随后继续向上突破楔形。

关键点适用于中长线交易，所以大多都是关注中长线的形态关键点。结构较小的K线形态容易失败，所以本节重点介绍和强调的是大型的K线形态。比如V形，这里强调V形必须是大型结构，小型整理结构一般不参与，或者只能以短线投机对待。

图6-59

关键点交易是没有明确获利目标的，一旦方向正确，就会持续增加筹码，最后以移动止损的方式出场，这样不会错过巨大的单边上涨行情。正因如此，在预测形态关键点突破后的行情目标时，都会偏大胆，一旦出现大型级别的反转形态，往往直接预测其关键点突破后都能回到前一轮牛市或熊市行情的最高点或最低点。这样操作便于养成中长期投资风格，更能扩大视野，不至于总是将自己囿于日内杂波之中。即使有些时候行情不能抵达预测目标，一样可以采取跟踪止损的方式锁定利润，不会出现没达到长期预测目标造成损失的现象。

6.2　跳空缺口点

6.2.1　跳空的定义

跳空是指股票非连续性报价引发的现象，即在某一价格区域没有发生交易。跳空缺口是在股价受到重大的利多或利空影响后，出现较大幅度向上或向下跳跃的现象，在行情图表中表现为K线不连续，出现了明显的空白缺口。跳空缺口是股价运行过程中经常发生的一种现象，且多数发生在开盘的时间，偶尔也会在盘中发生。在股市中，按照跳空的方向，可以将跳空缺口分为上升缺口和下降缺口。

图6-60为用友网络日线级别K线图，行情时间跨度为2017年11月13日到2018年12月5日。如图所示，2018年2月13日该股股价高开形成上升缺口，2018年10月11日股价低开形成下降缺口。

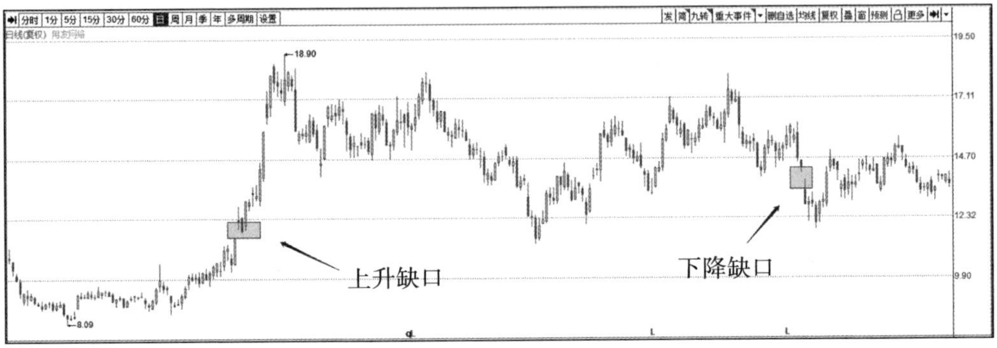

图6-60

6.2.2 跳空的原因及意义

1. 跳空的原因

市场价格一般是连续变化的，出现跳空缺口说明市场出现了非理性交易。市场价格是由投资者的交易产生的，而投资者的交易行为是受心理预期支配的，投资者对股价未来的预期产生巨大分歧的时候，就容易发生股价跳空的现象。

比如当前股价是100元，大量投资者极度看涨，他们愿意直接以120元的价格买入股票，而卖方也认为至少120元脱手才是合理的，此时股价会直接从100元跳涨到120元成交。如果是科创板股票的话，则表现为开盘一字涨停。同理，当大量投资者预期极度悲观时，也容易产生直接跳空下跌的现象。

2. 跳空的意义

出现跳空缺口意味着买卖双方之中的某一方力量绝对胜过另一方，通常在股价大幅变动的开始或结束前出现，是强势趋势开始的重要标志。行情向上跳空表明涨势强劲，向下跳空表明跌势迅猛。跳空缺口越大，说明买盘或卖盘就越强势，表明趋势越明朗。

虽然跳空缺口有预示趋势的作用，但是也要防止出现跳空陷阱。跳空陷阱是主力诱骗散户的一种隐蔽做盘手段，具体是指主力以跌停板的价格低开，然后再稍微拉高，这样就可以使股价K线变成阳线，诱骗不明真相的投资者，使他们看到阳线上涨后，误以为股票已经见底，于是纷纷入场抢便宜货。其实此时股价对比昨天收盘价还是下跌的，因此股票本质上还是处于下跌趋势之中，投资者此时抄底往往会抄在半山腰，主力则借机大量出货。主力出货完毕，股价会再度掉头暴跌。跳空诱多是主力重要的出货手法之一，这种出货方法的成功率较高。因为如果股价低开低走，就会收出十分明显的跳空阴线，一般投资者都很容易看出主力正在撤退，因此不会上当。

图6-61为中南文化日线级别K线图，行情时间跨度为2015年1月21日到2016年11月1日。如图所示，股价在支撑附近低开高走，很容易让投资者认为前期低点起到了支撑作用，从而买入股票，却不料这只是新一轮下跌的开始。

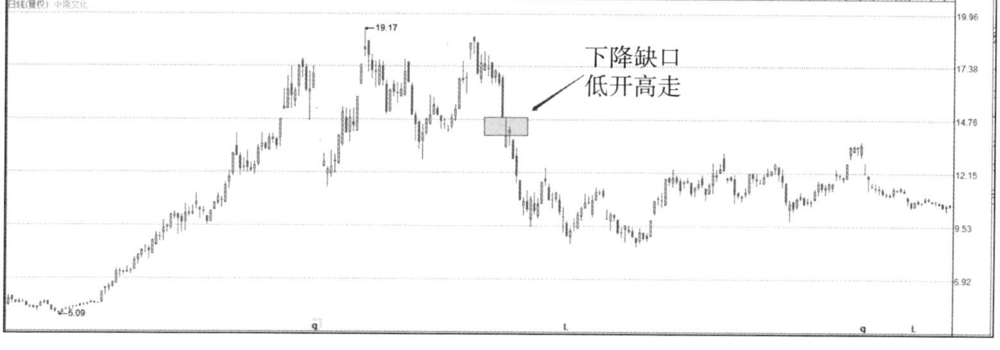

图6-61

股价跳空后，有时候会回补缺口，但有时候并不会产生回补的动作。一般在行情极度强势的时候，往往不给回补缺口的机会，而是继续沿着跳空的方向强劲冲刺。相反，如果出现缺口后股价立即回补，则表示股价持续力度不够，极有可能出现回挡或反转。

股价跳空后会不会有持续的动力，主要取决于成交量的表现。如果后续成交量以中等形势发展，那么股价可能沿跳空的方向继续运行；如果后续成交量急剧缩小，那么股价很可能掉头反转。需要注意的是，当成交量急剧放大时，股价也容易反转。

图6-62为格力电器日线级别K线图，行情时间跨度为2019年2月19日到2020年3月23日。从图中可见，左边第一个上升缺口，当日是直接跳空涨停，成交量以中等形势发展，所以股价后续动能持续，价格也进一步上升。第二个上升缺口，虽然股价向上跳空且高开高走，走出大阳拉升，但当日成交量很小，表明后续动能不足，因此股价上涨难以为继。从图中可见，随后股价也是掉头持续下跌。

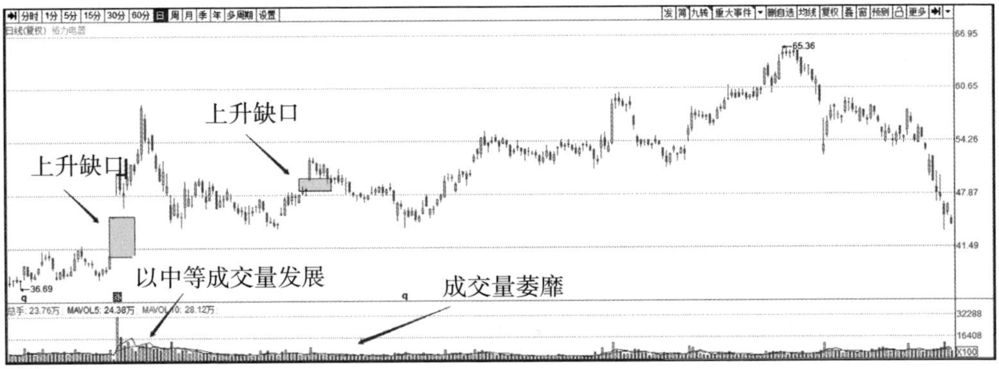

图6-62

图6-63为桂林旅游日线级别K线图，行情时间跨度为2020年10月16日到2021年11月10日。如图所示，桂林旅游的股价上升缺口出现后，成交量突然放大，巨量成交，股价随后见顶下跌。

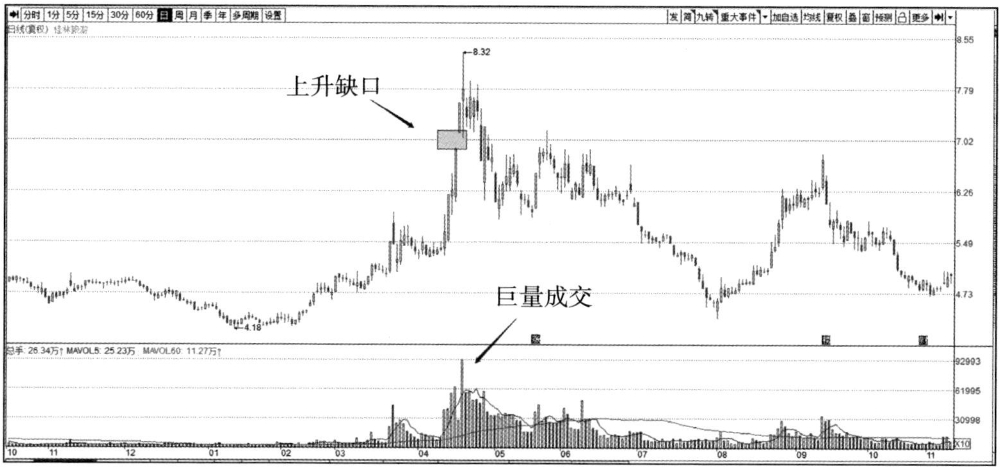

图6-63

6.2.3 跳空形态

跳空形态主要有五种，分别为普通缺口、突破缺口、延续缺口、衰竭缺口和对称缺口。此外还有一种缺口是除权缺口，该缺口是上市公司进行现金分红、送红股、转增股本、增发股票、配股或转配股等除权行为造成的。除权缺口表现为除权价与股权登记日收盘价之间的跳空。除权缺口的大小由分红或配股比例决定，一般来说，分红或配股的比例越大，除权缺口越大，反之则越小。可以认为填权行情是回补除权缺口，填满权即除权缺口完全封闭。除权缺口直观上看出现了股价降低现象，为股价在新的一轮波动中提供了炒作与上升空间。

1. 普通缺口

普通缺口是盘整过程中偶然出现的小缺口，一般都会很快被修复。

出现普通缺口的原因是，在交易量较小的情况下，市场参与兴趣不高，一些较小的交易便会导致价格跳空。一般这种跳空缺口并不大，对股价也没有什么预测意义。

图6-64为美的集团日线级别K线图，行情时间跨度为2020年12月15日到2022年1月5日。如图所示，美的集团在振荡过程中成交量不断缩小，表明市场交投不积极，由此导致频繁出现向上或向下小幅跳空的现象。

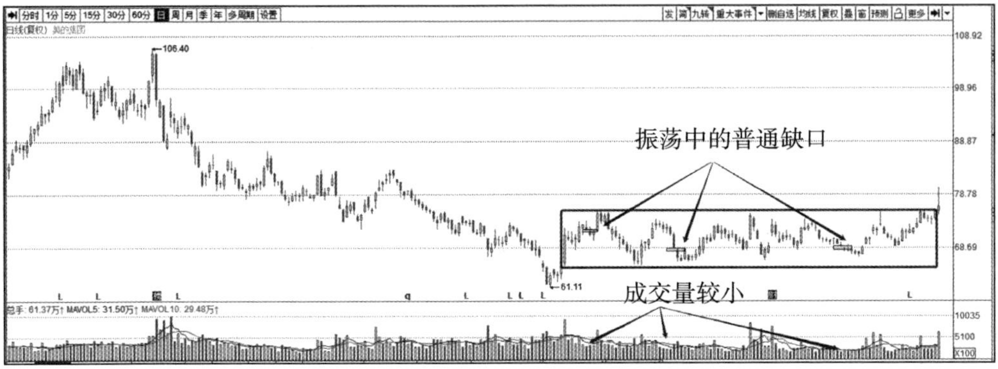

图6-64

2. 突破缺口

突破缺口是指股价以跳空的形式突破市场关键点的走势情况。突破缺口往往伴随着成交量的放大，一般短时间内不会回补，是行情极速运动而脱离原有趋势状态的缺口。突破缺口通常预示行情后期会有爆炸性行情，往往是重大走势的起点。

图6-65为中国中车日线级别K线图，行情时间跨度为2014年7月8日到2015年11月23日。如图所示，股价向下跳空突破前期振荡的低点关键点，并伴随成交量的放大。从图中可见，后市行情并没有回补缺口，而是直接开启股价“崩塌模式”。

形成突破缺口的原因主要有以下两种。

第一，在关键点附近具有重要支撑与压力，所以会有大量挂单出现在关键点的外侧。一旦这些单子被触发之后，就会带动行情走出激烈的走势，产生跳空缺口。比如当前股价是105元，100元和110元分别是市场重要的支撑和阻力位置。如果大量投资者将止损挂在100元下方，一旦股价跌破100元，那么就会触发大量的止损卖盘，股价就容易向下跳空。相反，如果大量投资者选择在110元买入，那么一旦股价突破110元，就会引发巨量买盘，股价自然就会向上跳空。

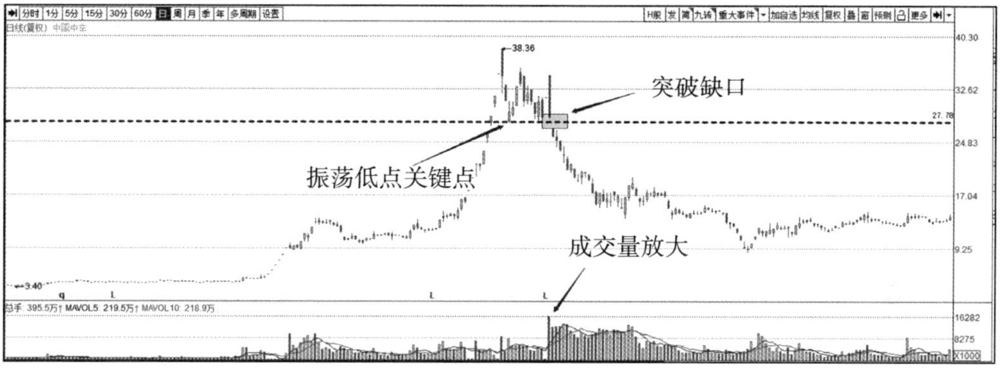

图6-65

第二，发生了重大事件或新闻，市场情绪一边倒，短时间内引发巨大的买盘或卖盘，此时容易出现踩踏效应，导致股价发生大幅跳空。有时候重大事件或新闻是在停盘期间发生的，投资者看涨或看跌的情绪在停盘期间就形成了，等到开盘的时候，投资者情绪集中释放，就会导致股价直接向上或向下跳空。

图6-66为中国石油日线级别K线图，行情时间跨度为2019年6月26日到2020年7月21日。如图所示，2020年2月3日，中国石油开盘跳空跌停，当时是刚过完春节的第一个交易日，由于之前出现了新冠肺炎突发疫情，投资者担忧疫情会对经济产生重大冲击，在悲观效应下，市场出现了向下跳空的恐慌走势。从图中可见，中国石油直接跳空跌破了前期振荡的低点关键点，且伴随成交量的突然放大，属于突破性跳空。后市行情并没有完全回补缺口，而是持续单边强势暴跌。

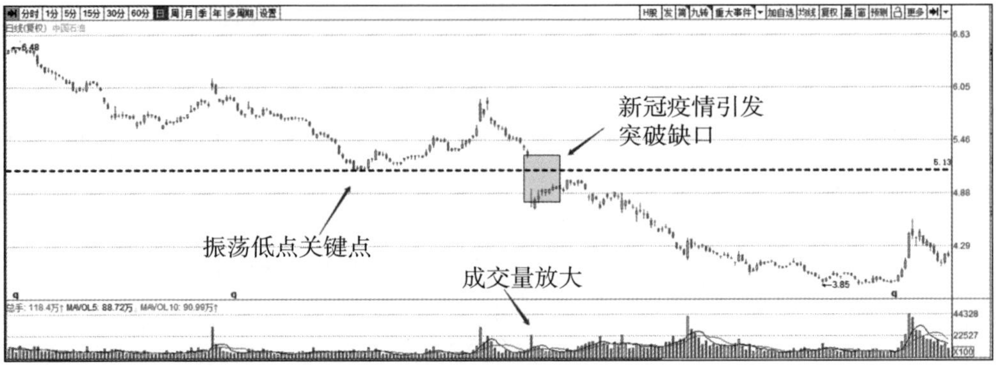

图6-66

3. 延续缺口

延续缺口是突破性缺口之后出现的缺口，通常在股价突破关键点后至下一个反转或整理形态的中途出现。延续缺口出现时，不一定需要成交量放大的配合，但如果成交量增加的话，则通常表明趋势会进一步加强。延续缺口出现后，成交量会保持中等形态发展。延续缺口一般短期内也不会回补，特殊的时候一波行情会产生2~3个这种缺口。

延续缺口对行情具有较强的助涨助跌作用。延续缺口出现后，行情一般会继续朝原来的趋势方向运行，是一个趋势持续的信号。产生延续缺口的原因是，在价格朝某一方向有效突破之后，由于急速运动而在途中出现了缺口。

图6-67为正裕工业日线级别K线图，行情时间跨度为2017年4月5日到2017年10月13日。如图所示，正裕工业向上跳空突破高点关键点，随后再次向上跳空形成延续缺口，成交量以中等形势不断发展，股价也延续原有的趋势强劲上升。

图6-68为紫金银行日线级别K线图，行情时间跨度为2019年1月4日到2019年10月11日。如图所示，紫金银行连续跳空，第一次突破关键点形成突破缺口，接着第二次跳空涨停，成交量放大，形成延续缺口，表明趋势可

能继续加强。从图中可见，出现延续缺口后，行情以更加凌厉的方式上涨，并且接连出现了好几个延续缺口。

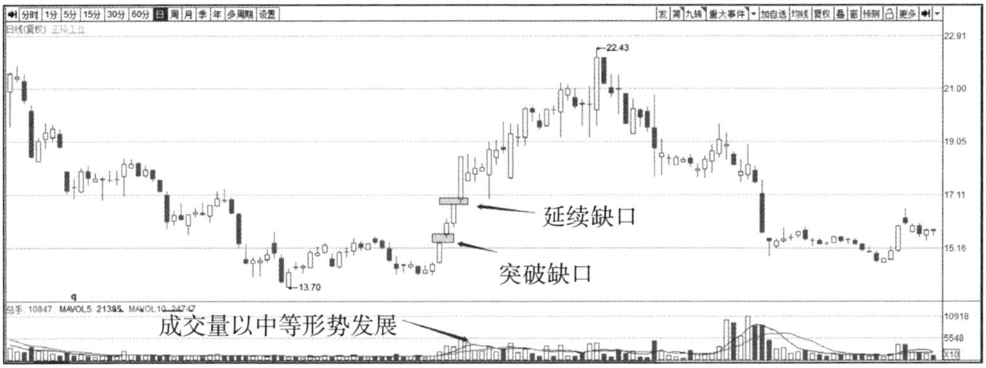

图6-67

图6-68

延续缺口还具有预测价格未来波幅的功能，其预测方法是：当股价到达缺口后，可能继续变动的幅度一般等于股价从上一个缺口开始移动到此延续缺口的幅度。

这种测量方式的依据是趋势原理，因为趋势的表现形式是重复性，那么极强趋势表现为高度重复性，高度重复性就会形成对称性。跳空缺口正是趋势极强的表现，所以可以使用趋势的对称性来测量延续缺口后的预期波幅，即前一轮变动幅度等于后一轮预期变动幅度。

图6–69为中科曙光日线级别K线图，行情时间跨度为2018年8月13日到2019年9月10日。如图所示，中科曙光出现延续缺口后的预期上涨目标为*D*点，其中*AB*=*CD*（*A*点是上一个缺口的上沿位置，*B*点是延续缺口的下沿位置，*C*点是延续缺口的上沿位置）。

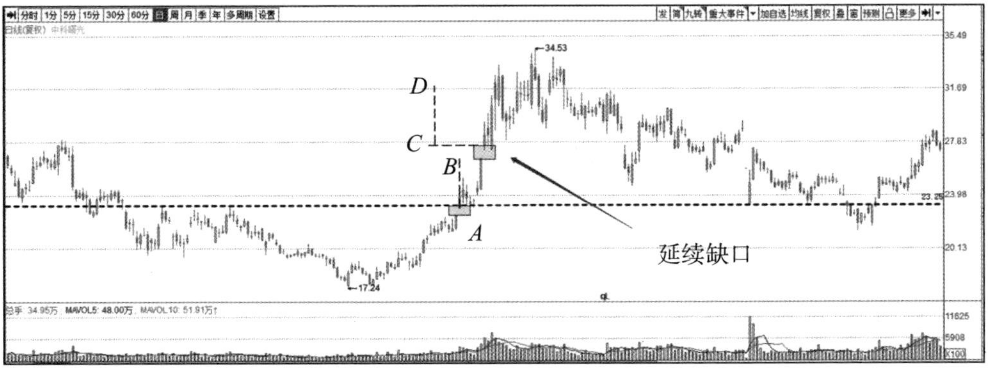

图6–69

4. 衰竭缺口

衰竭缺口是行情运行过程中出现的最后一次跳跃。在趋势的最后阶段，价格沿着原来的方向进行最后的冲刺，出现衰竭缺口之后，行情就失去了继续上行的动力，表现为虚晃一枪。

衰竭缺口多数被机构用来迷惑散户，拉高出货。散户看到这种猛烈的冲刺，会盲目追涨，于是纷纷高位套牢。衰竭缺口表现出的上涨，其实只是强弩之末。衰竭缺口表明维持原有趋势的力量已经枯竭，股价即将反转下跌，因此该缺口一般很快会回补。但出现衰竭缺口后，行情也可能不会立即反转，而是在高位或低位振荡整理几天，但随着量能逐渐减少，行情不可避免地会转向。

图6–70为中国神华日线级别K线图，行情时间跨度为2014年8月28日到

2015年9月18日。如图所示，股价连续大涨后，突然向上跳空，且伴随着巨量成交，这是衰竭缺口明显的信号。

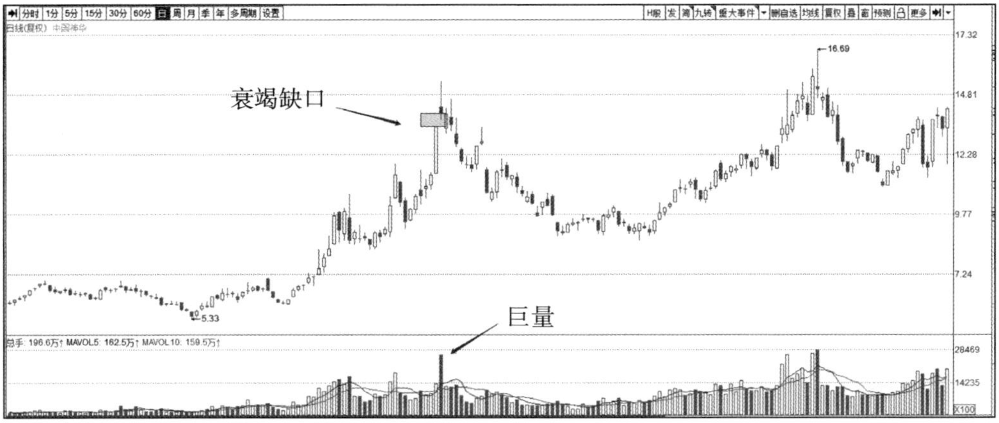

图6-70

判断衰竭缺口的重要因素是成交量。在上升趋势中，如果衰竭缺口发生当日或次日是巨量成交，随后成交量逐步萎缩，则极可能为衰竭缺口而非延续缺口。但下跌趋势中的衰竭缺口，一般不需要成交量放大来印证。除此之外，还可以根据K线形态或指标来判断衰竭缺口，比如反转形态、指标背离等。

图6-71为掌阅科技日线级别K线图，行情时间跨度为2019年7月17日到2020年8月11日。如图所示，股价在低位向下大幅跳空，但行情并没有继续下跌，而是出现了利弗莫尔所说的“一日反转”形态，股价低开高走，快速上穿缺口（股价反向越过跳空缺口是重要的关键点时机因素），股价随后彻底反转，持续暴涨，这正是交易者需要耐心寻找的极具赚钱效应的跳空缺口关键点。

图6-72为GQY视讯日线级别K线图，行情时间跨度为2016年5月20日到2017年4月20日。如图所示，GQY视讯在高位向上跳空，但MACD指标出现了顶背离，这种情况表明向上跳空基本就是主力的诱骗手段，以突然

跳空上涨创出新高这种假象迷惑投资者，让投资者误以为股价再次开启暴涨模式。等散户急匆匆地买进之后，等待他们的并不是黎明，而是漫长的黑夜。

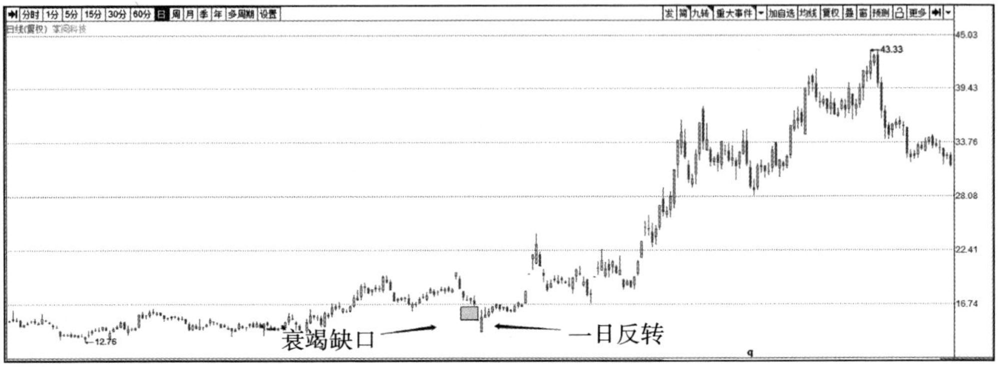

图6-71

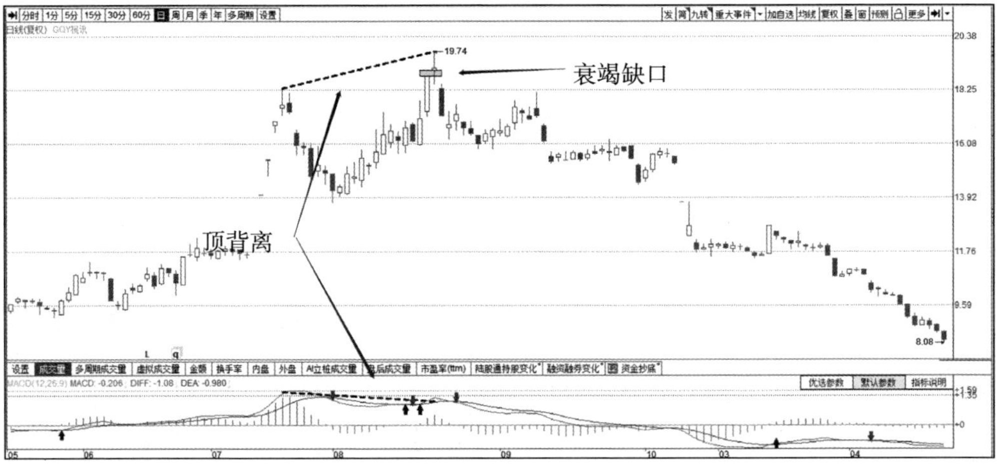

图6-72

5. 对称缺口

对称缺口是衰竭缺口与突破缺口组合在一起的一种缺口形态。对称缺口是行情经过一轮上涨或下跌之后，在趋势末端先出现衰竭缺口，随后又出现与衰竭缺口方向相反的突破缺口，两个缺口基本在一条水平线上，具有明显的对称性，故称为对称缺口。对称缺口其实是一种强化衰竭缺口反转的信号，如图6-73所示。由于对称缺口之间的K线就像一片孤立的岛屿，所以也称“孤岛反转形态”，是一种强烈的反转信号。

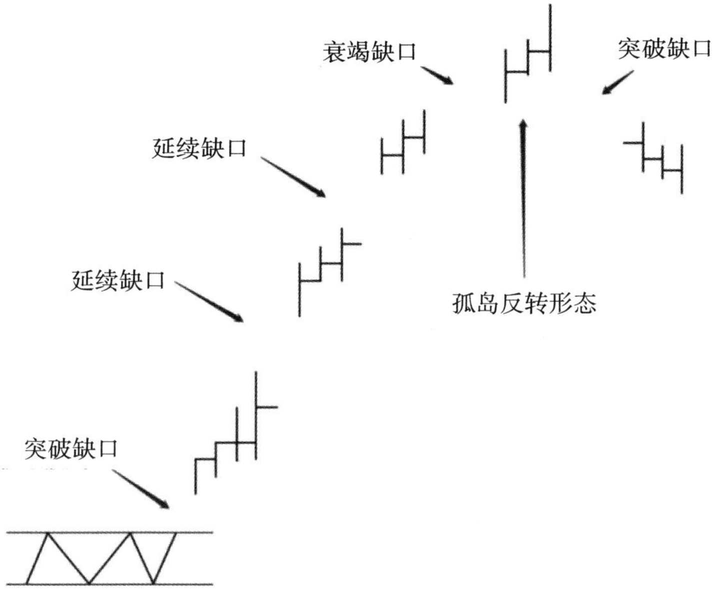

图6-73

（1）顶部对称缺口。市场价格先是强势上升，多头情绪极度高涨。主力为了出货，在市场顶部区域拉动股价突然向上跳空，造成股价暴涨的假象，吸引投资者争先恐后地买入，主力则顺势大量派发筹码，从而出现巨大的成交量。此后主力维持股价高位振荡，持续出货。在顶部岛形的末端，主力筹码基本派发完毕，价格久攻不上，市场多头力量开始枯竭，此时价格极容易向下跳空，从而形成对称缺口，使顶部的一段K线看起来就像是顶部岛屿。在顶部岛形中，股价在高位振荡越久，后市反转力度越强。

图6-74为廊坊发展日线级别K线图，行情时间跨度为2020年12月24日到2022年1月5日。如图所示，股价在顶部先是出现衰竭缺口，然后迅速向下跳空突破，同时伴随成交量急剧放大，形成了顶部岛形。这是极其危险的信

号，投资者应该快速离场，以避免更大的损失。从图中可见，顶部岛形形成后，股价随即大幅下行，短时间内股价接近腰斩。

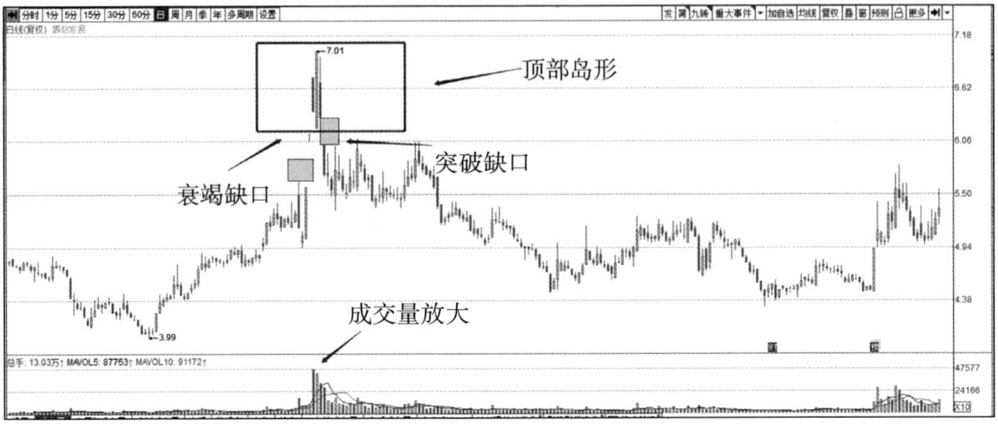

图6–74

（2）底部对称缺口。市场价格先是持续下跌，投资者情绪极度悲观。可能是由于某个突发事件或者其他利空消息的出现，导致市场短时间内变得更加恐慌，大家都争先恐后地脱手筹码，从而形成向下的跳空缺口。此后价格继续维持低迷的状态，成交量不断缩减，意志力不强的投资者不断被清理出局，主力则从中持续吸筹。待主力吸收筹码完毕之后，主力就拉动股价向上大幅跳空，借以唤醒多头，这样就形成了对称缺口，两个缺口之间的K线看起来就像是底部岛屿。在底部岛形中，股价在低位振荡越久，后市上涨力度越强。

图6–75为路畅科技日线级别K线图，行情时间跨度为2020年6月30日到2022年1月5日。如图所示，股价在底部向下跳空，然后在底部形成了一个W底，并以突破性缺口升穿W底关键点，从而形成底部岛形。这是强烈的看涨信号，应当及时买入，入场短时间内就能获利丰厚。从图中可见，股价稍做整理后即开始直线飙升。

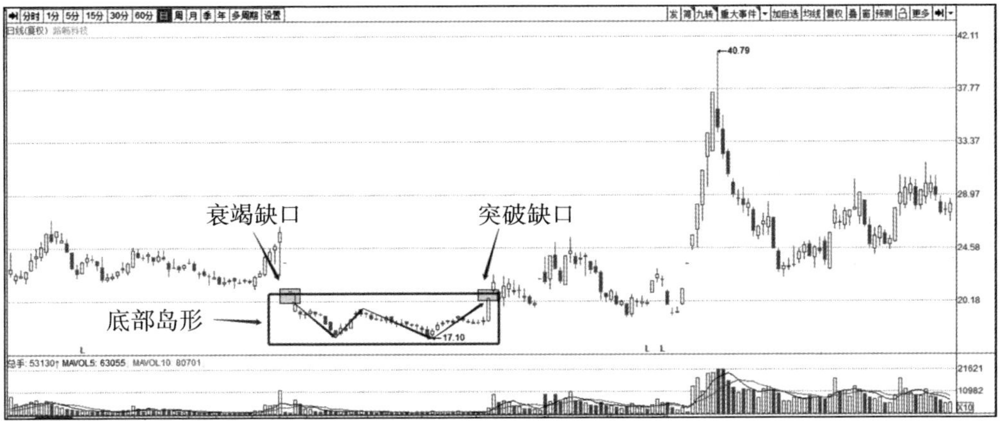

图6-75

6.2.4 跳空关键点

1. 跳空的撑阻原理

跳空缺口是由于非理性买卖产生的，所以当理性回归的时候，行情就会回补缺口。从一个较长的时期观察，理论上来说，绝大部分跳空缺口都或迟或早会被填补。一般情况下，缺口若不被下一个次级行情封闭，则有可能由下一个中级行情封闭，更远的也可能由下一个大行情封闭。跳空缺口像一块磁铁一样，会将价格吸引过去。

根据跳空形态的讲解可以知道，除普通缺口外，股价出现其他跳空缺口时，必然有一部分资金是未有效成交的，也就表示有很多投资者踏空了行情。在后续的行情中，当股价回调时，这些踏空资金很有可能买入或卖出，导致在缺口附近产生回挡，因此跳空缺口就表现出对股价的支撑阻力作用。当股价回补上升缺口时，缺口位置往往会产生巨大的支撑；当股价回补下跌缺口时，缺口位置往往会产生巨大的阻力。一旦缺口短时间内被快速回补并越过，那么行情反向运动的可能性极大，且一般会发生巨大的逆转行情。

图6-76为福耀玻璃日线级别K线图，行情时间跨度为2021年7月29日到

2022年1月6日。如图所示，普通缺口对行情没有太大的意义，价格随意地在普通缺口附近上蹿下跳，不会体现任何支撑阻力作用。普通缺口只是因为行情波动过小，市场内的交易兴趣较低，造成股价小幅滑空，并不存在大量未成交的预期资金。另外，这种情况也并不会持续很久。

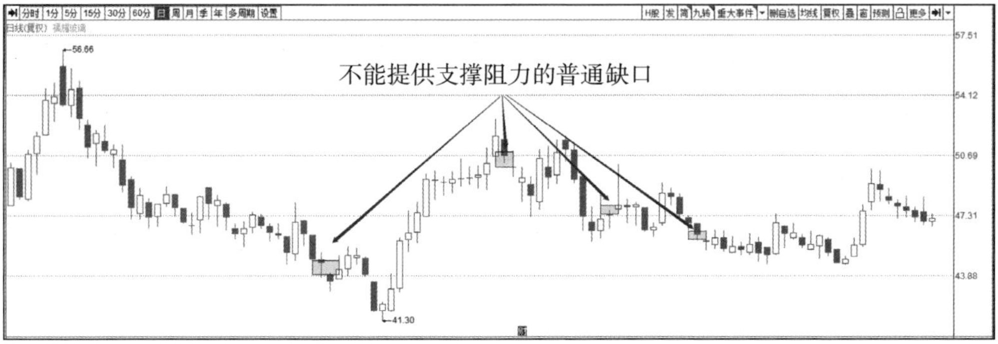

图6-76

图6-77为迅游科技日线级别K线图，行情时间跨度为2018年6月7日到2020年3月19日。如图所示，下降缺口对股价起到了精准的打压作用，每当股价反弹触及下降缺口时，立即受阻下跌。

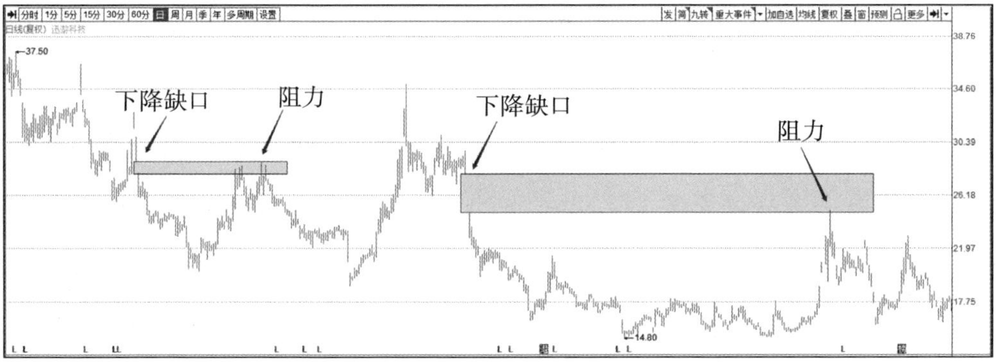

图6-77

图6-78为中国平安日线级别K线图，行情时间跨度为2018年8月10日到2019年9月4日。如图所示，上升缺口对股价起到了精准的支撑作用。每当回撤触及上升缺口，股价就立即反弹上升。

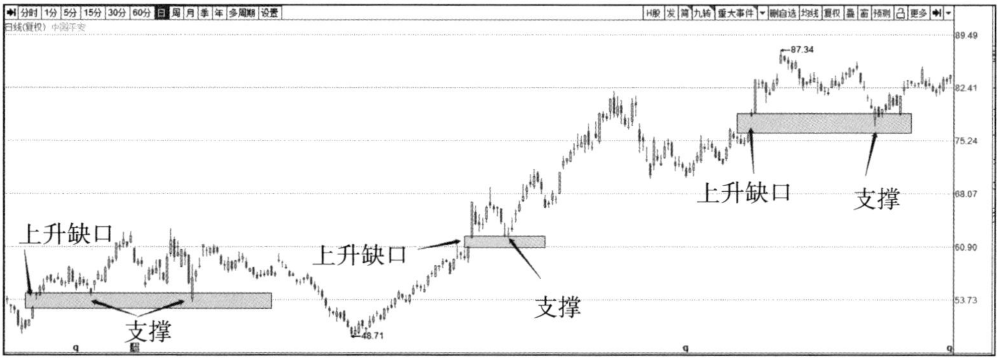

图6-78

图6-79为开普云日线级别K线图，行情时间跨度为2020年3月30日到2021年4月22日。如图所示，股价在前期的下跌缺口处精准受阻，随后一路阴跌不止。

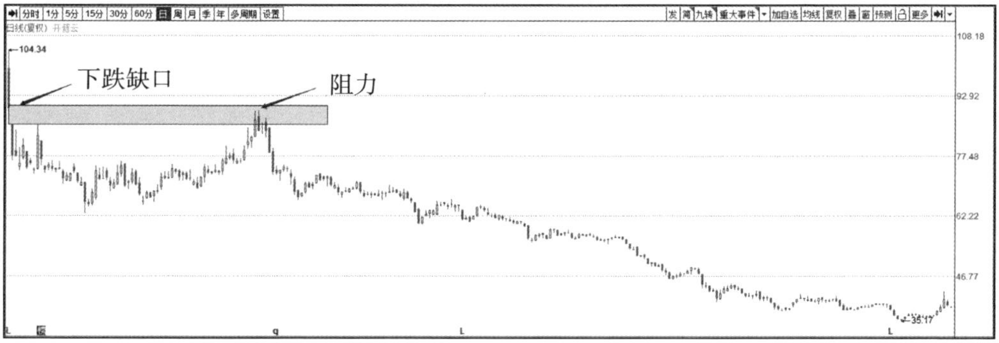

图6-79

图6-80为金山办公日线级别K线图，行情时间跨度为2019年12月13日到2021年1月8日。如图所示，股价在前期的上升缺口位置，连续三次精准受到支撑，形成三重底之后大幅上扬。

2. 跳空关键点买卖原则

因为跳空缺口对股价具有支撑阻力作用，因此当股价越过缺口时，就是重要的“新”关键点。根据利弗莫尔关键点突破原理，缺口关键点交易规则并不是股价出现跳空后就立即入场交易，而是等股价运行一段时间后，反向突破跳空关键点再入场交易。

图6-80

跳空关键点的买卖原则主要分以下三种情况。

（1）出现跳空缺口后，行情短时间内迅速反向回补并越过跳空关键点时，为强烈的买入或卖出信号，这种情况相当于"一日反转"形态。这种跳空行情的持续性不强，不过是主力虚晃一枪罢了，大多数出现在衰竭缺口上。

图6-81为石头科技日线级别K线图，行情时间跨度为2020年7月22日到2021年8月13日。如图所示，股价向下跳空形成下降缺口（下降缺口为关键点），但是行情立即反向回升且突破下降缺口，这相当于是利弗莫尔的"一日反转"走势，此时为买入的最佳时机。从图中可见，如果突破关键点买入

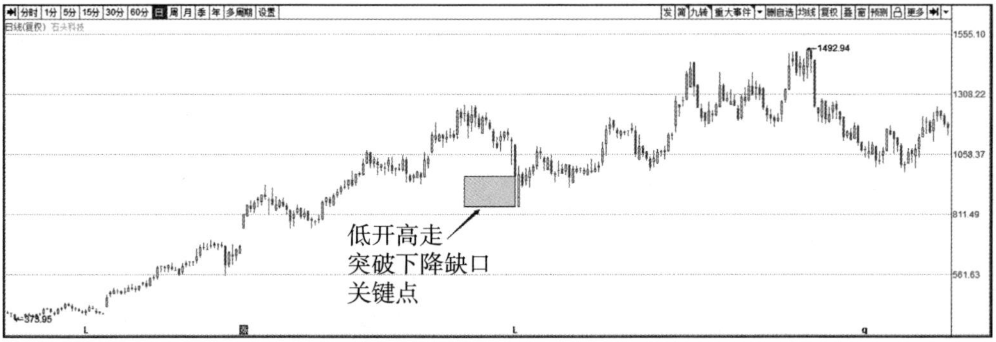

图6-81

石头科技，基本是在最低点成功抄底，此后股价大涨近60%。

图6-82为广聚能源日线级别K线图，行情时间跨度为2015年3月3日到2015年11月30日。如图所示，股价低开高走突破下降缺口关键点，并且走出地天板，表示后市强烈看涨。从图中可见，股价穿越缺口关键点后连续拉升，短短10个交易日就翻了一倍，强势程度令人瞠目结舌。

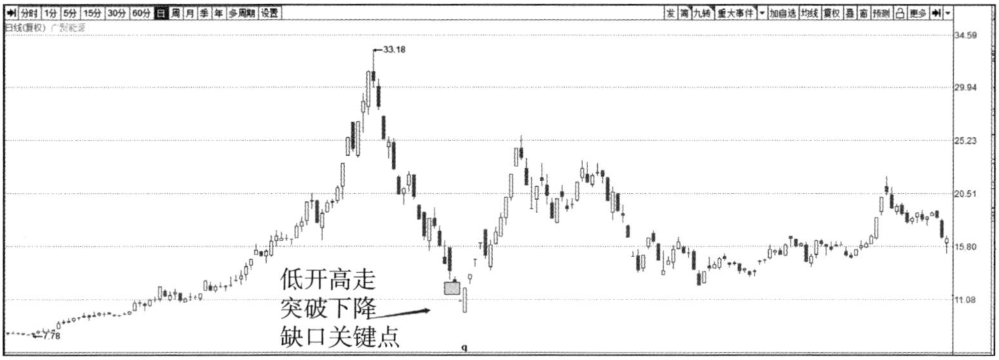

图6-82

图6-83为东方生物日线级别K线图，行情时间跨度为2020年8月18日到2021年5月27日。如图所示，股价强势跳空涨停，但行情盛极而衰，当日走出天地板，表明市场出现了猛烈的抛压，此时是快速逃命的信号，否则将会蒙受巨大的损失。从图中可见，东方生物跌破上升缺口关键点后，市值迅速缩水了一半。

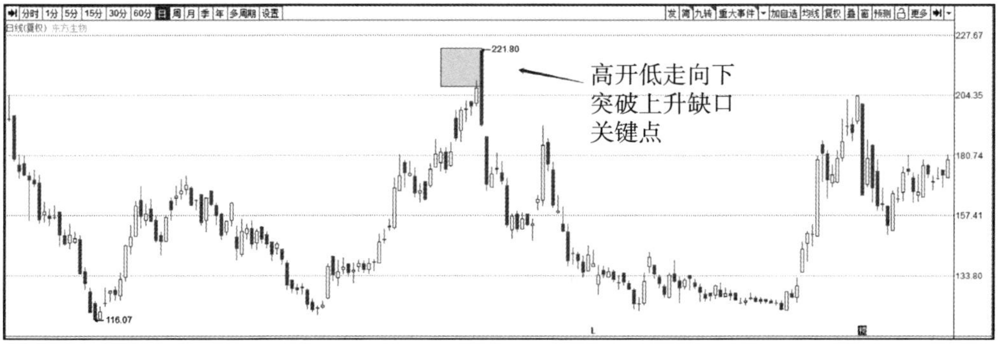

图6-83

（2）跳空缺口形成后，股价运行一段时间，再次反转突破跳空关键点时，为买入或卖出信号。

图6–84为鸿泉物联日线级别K线图，行情时间跨度为2021年6月30日到2022年1月6日。如图所示，股价突然走出下跌缺口，随后行情继续下跌。待股价见底反转，向上突破缺口后，则应迅速买入。这是因为股价在缺口附近发生了支撑阻力转换，缺口由先前的压力变成了支撑，容易推升价格继续走强。从图中可见，股价突破缺口关键点后向下回抽，但在缺口位置精准受到支撑，缺口就像一个跳板一样，将股价直线弹飞，几个交易之内就大涨20%多。

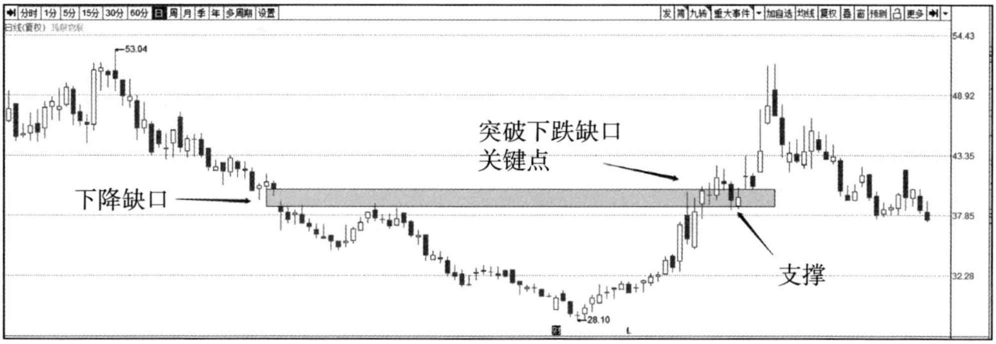

图6–84

图6–85为中联重科日线级别K线图，行情时间跨度为2008年1月18日到2010年1月27日。从图中可见，股价在底部形成了大级别的头肩底，并一举突破前期下降缺口。此时缺口就发生了支撑阻力转换，缺口位置由压力变成了支撑。在随后的股价回撤中，缺口精准地支撑了股价。在大级别头肩底形态的加持下，缺口关键点是非常完美的买入时机。从图中可见，中联重科股价随后在几个月之内暴涨了近160%。

图6–86为中信建投日线级别K线图，行情时间跨度为2020年5月29日到2021年6月24日。如图所示，股价向下跌破上升缺口关键点后，虽然出现小

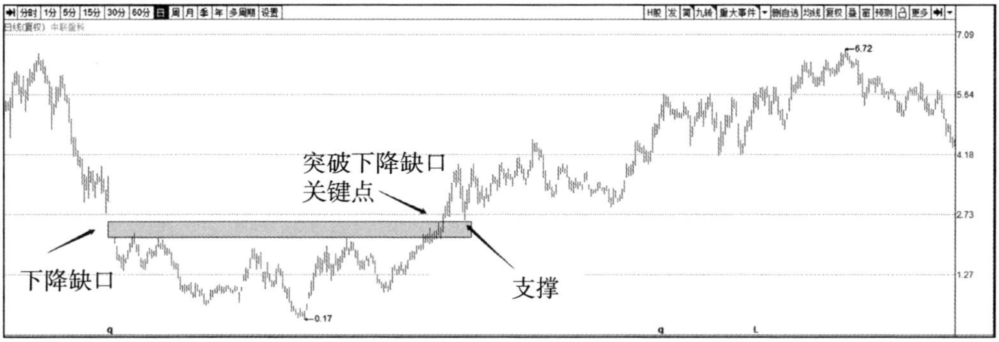

图6-85

幅反弹，但持续受阻于上升缺口，表明上升缺口此时变成了强劲的阻力。如果持有该股票的话，应该在缺口区域受阻的时候果断抛售，规避损失。从图中可见，股价随后单边大跌。

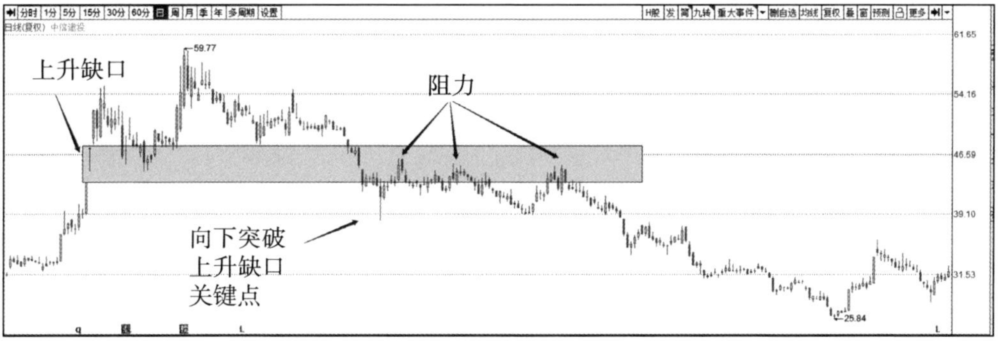

图6-86

（3）在形成对称缺口后，直接顺着第二个缺口的方向交易。这类关键点是行情以跳空的方式突破前期形成的跳空关键点，代表的是行情更坚决的突破，是最具操作意义的关键点。这种关键点一般不需要结合其他时机因素即可直接进行交易，因为其本身有效性非常高。

图6-87为华自科技日线级别K线图，行情时间跨度为2016年7月21日到2017年11月10日。如图所示，在行情顶部，股价高开低走形成“一日反转”，且行情以缺口的方式跌破左侧的衰竭缺口关键点，形成“孤岛效

应”。此时是极其重要的离场关键点，无论你手中有多少持仓，都应该以百米冲刺的速度抛光，晚一步都将是灾难性的。从图中可见，“孤岛效应”出现后，华自科技几乎是一泄千里的直接崩盘。

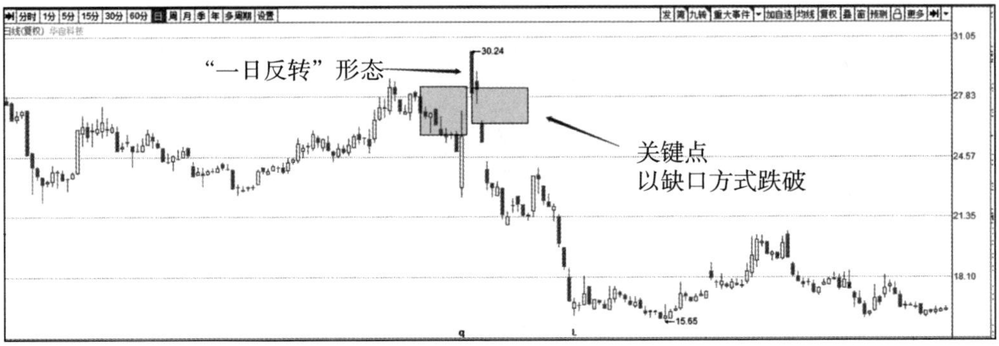

图6-87

图6-88为富祥药业日线级别K线图，行情时间跨度为2019年12月20日到2021年10月11日。如图所示，股价在顶部长时间振荡，持续受到前期缺口的支撑。多头虽然苦苦支撑，但最终在前期缺口位置以向下跳空的形式跌破缺口关键点，随后股票就开启了漫长的熊市之路。出现跳空下跌，是因为此前行情持续受到前期跳空缺口的支撑，很多投资者会依据缺口设置止损。一旦股价向下跌破缺口，将会引发巨量的止损卖盘，从而形成踩踏效应，导致股价跳空下跌。出现这种情况时，表明大量投资者开始倒向空头阵营，是重要的卖出关键点。一般来说，前期振荡有多久，后市下跌只会更久。

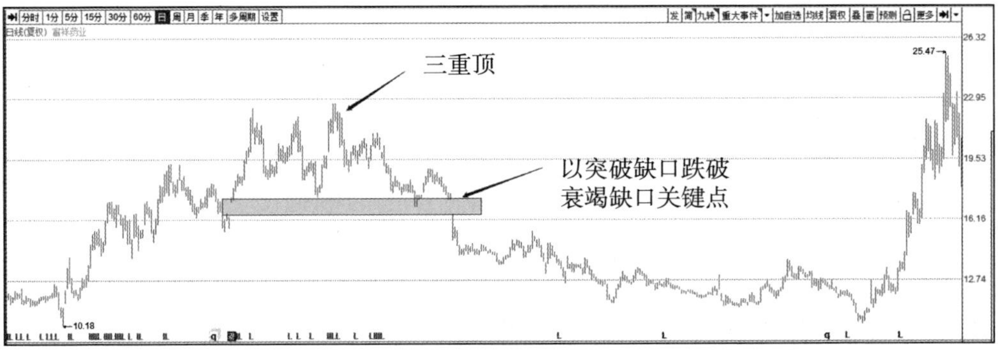

图6-88

图6-89为启迪设计日线级别K线图，行情时间跨度为2016年11月2日到2018年2月28日。在最后下跌阶段，股价向下跳空形成最后一跌。股价触底后，以向上跳空形式升穿前期的衰竭缺口，并且形成U形反转。U形和“底部孤岛”的双重信号共振，一旦出现这种关键点，不用借助任何时机因素，直接开仓买入即可，往往都有意想不到的收获。从图中可见，启迪设计突破关键点后，行情不到2个月涨了近50%。

图6-89

6.2.5 跳空时机因素

跳空缺口具有双重作用，它既能提供关键点，也能提供时机因素。跳空缺口作为关键点，本身具有极强的赚钱效应，尤其像“孤岛效应”，是最强大的关键点之一。当跳空缺口作为时机因素时，它又能对关键点起到强大的助涨助跌作用。

出现跳空缺口时，往往会给投资者心理造成强烈的冲击，认为行情处于强势爆发状态。事实也确实如此，所以跳空缺口是极强的看涨看跌信号。当股价以跳空方式向上突破关键点时，能加强后市行情的上涨预期；以跳空方式向下跌破关键点时，能加强后市看空预期。

上一节中图6-87的例子，就是跳空时机强化了“一日反转”形态关键点的下跌作用，从中可以看到，华自科技股价随后的表现也是让人唏嘘不已：

自由落体般下降。图6−88和图6−89的例子，分别是跳空时机强化了三重顶和U形关键点的信号效应。跳空缺口往往是大量交易者情绪化集中买卖产生的结果，所以当行情以跳空方式突破关键点时，往往具有“爆破效应”，会炸开股价后市上涨或下跌的空间，所以跳空时机对利弗莫尔的关键点具有极佳的优化改良作用。

下面再举三个例子来说明跳空时机对利弗莫尔关键点起到的重要优化改良作用。

图6−90为新易盛日线级别K线图，行情时间跨度为2018年11月30日到2019年3月4日。如图所示，股价以跳空方式击穿利弗莫尔高点关键点，表明市场对后市乐观态度的强烈一致性，能起到强化共振信号的作用，增强利弗莫尔高点关键点的有效性。从图中可见，股价后期连续数次都未能跌破关键点，最终股价选择继续上涨，短时间内上涨一倍多。

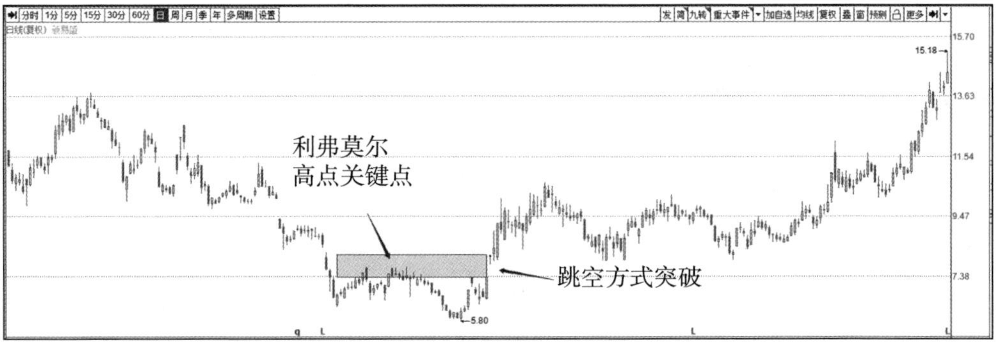

图6−90

图6−91为热景生物日线级别K线图，行情时间跨度为2019年9月30日到2021年7月20日。如图所示，该股股价直线飙升，在接近前期历史高点时，直接以跳空方式突破关键点。这种情况一般都是有效突破，表明买盘动力十足。从图中可见，热景生物以缺口方式突破历史高点后，股价头也不回地暴涨近140%。

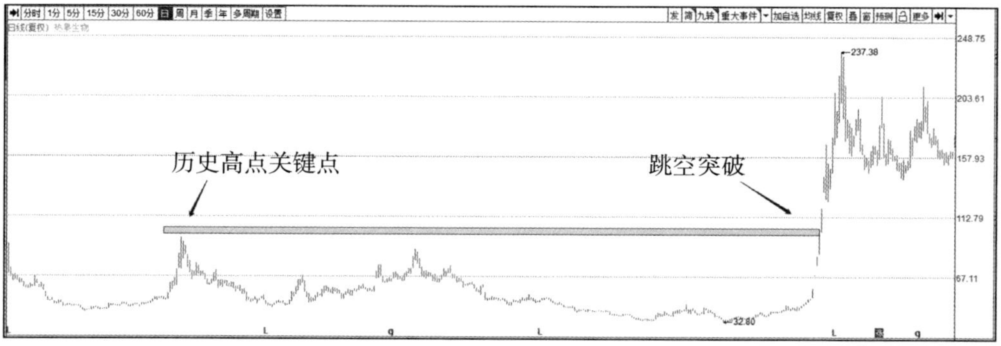

图6-91

图6-92为海目星日线级别K线图，行情时间跨度为2021年2月19日到2021年8月26日。如图所示，海目星在20元整数关口附近持续受阻，最终股价直接跳过20元高开高走，市场击穿了大量投资者的整数关口心理价位，表明多头已经完全控制了市场，强势打开了股价的上涨空间。在跳空时机的加持下，整数关口赚钱效应变得更强。从图中可见，后市股价强劲上扬，短短3个月股价就翻了4倍。

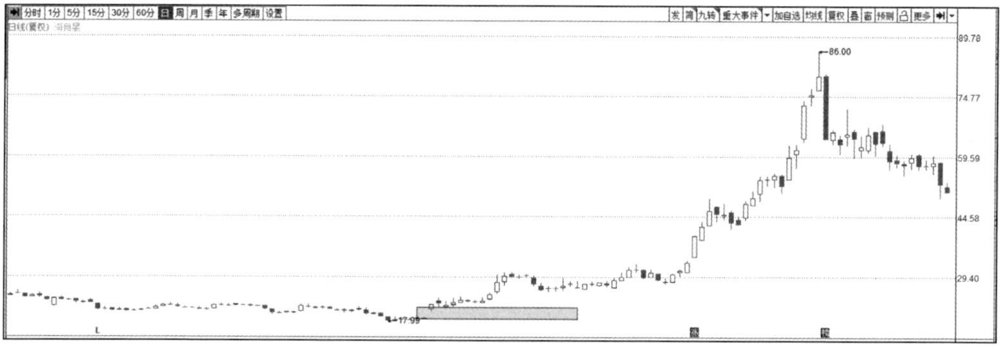

图6-92

6.3 中心对称点

中心对称点是映射理论中的关键点。映射理论也可以称为中心对称理论，是笔者原创的新技术理论。与传统的指标、量能、形态等分析方法不同，中心对称理论**运用几何和函数语言分析行情，开创了几何和函数语言分析行情的先河**。该分析方法并不是抽象的概率统计学，而是建立在函数映射的逻辑之上，能够清晰、客观地解释市场趋势，在市场大势的判断上，具有较高的胜率和较强的操作性。

中心对称点对趋势的研判具有现时性，能够准确、清晰地分析出当下时间节点的趋势运行状态，避开了传统技术指标严重滞后的缺点。在该理论框架中，各要素都是具体的，几乎没有任何变量，更没有任何未来变量，分析得到的结果就是市场当下所处的状态，并高概率指示未来趋势发展的方向。

中心对称点是本书中最为重要的关键点，比形态关键点和跳空关键点更具客观性、系统性和盈利能力。映射理论（中心对称理论）是一套完整的关键点交易体系，下面为大家详细介绍该理论的具体使用方法。

6.3.1 中心对称定义

1. 几何定义

中心对称是数学名词，是指把一个图形绕着某一点旋转180°，如果它能够与另一个图形重合，那么就说这两个图形关于这个点中心对称。如图6-93所示，围绕O点旋转180°，图形ABO和$OB'A'$能够完全重合，所以该图是关于O点的中心对称图形，O点为中心对称点。根据几何原理，知道AB的长度等于$A'B'$长度；OB的长度等于OB'的长度。

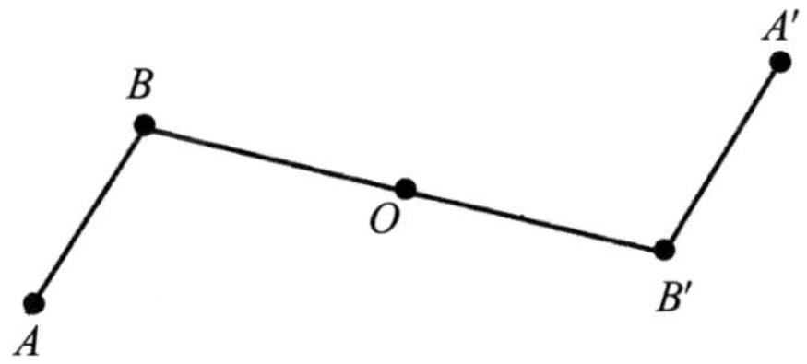

图6-93

2. 映射定义

映射是数学中的一个术语，指两个元素集之间的元素具有相互“对应”的关系。趋势映射是指趋势中各要素之间具有映射关系。映射对应的是一种特定的运算关系。

将图形ABO看作集合M，$OB'A'$看作集合N。集合M和集合N中的元素都由质点组成，那么总能在集合N中找到一点与M中的元素对应。这个对应关系的运算法则就是中心对称，即集合M和N之间的特定运算关系是绕O点旋转180°。根据映射关系，知道A点与A'点对应，B点与B'点对应，O点是关于本身对应。同样可以得到AB的长度等于$A'B'$长度；OB的长度等于OB'的长度。

6.3.2 趋势属性

理论上，股价趋势应该呈现物理属性和数学属性。股价的物理属性一般会呈现出思维惯性，也可以称为思维映射性，其数学属性一般会呈现出中心对称性。下面将对这一结论进行详细论证。

1. 思维映射性

在没有外力的作用下，一个运动的物体会一直保持原有的运动状态，这种性质叫惯性。如果把人的思维看作一种物理粒子，那么人的思维也是具有惯性的。比如前面讲的锚定效应、近期偏好等，其实都是人的思维惯性导致的。再比如，弗里德曼的货币时滞效应、凯恩斯的黏性工资理论和黏性价格理论等。思维惯性对物品的价格具有重要影响。在股市中，股票价格是由人的交易行为产生的，决定交易行为的是人的心理，即人的思维，而人的思维是具有惯性的，所以股价趋势也会表现出一定的惯性效应。

如果把思维惯性看作一种映射，那么思维惯性其实就是一种思维映射性。思维映射性可以根据已经发生的行情趋势，映射出未来相同的行情趋势，这是思维映射性具有预判分析行情作用的重要原因。

比如，在牛市疯狂上涨的时候，思维映射性让人们总是相信市场还处在牛市，所以总会有大量的散户在牛市顶部追涨；在熊市暴跌过程中，哪怕股票已经变得相当便宜了，依旧会有大量散户在市场最低位将廉价的筹码转交给机构，因为思维映射性让他们认为市场还会继续下跌。从某种程度来说，人的思维映射性是导致市场价格倾向维持原方向运行的根本原因。

比如，投行运用价值投资方法在对公司进行估值的时候，是通过对上市公司历史及当前的基本面分析和对未来反映公司经营状况的财务数据的预测基础上，获得上市公司股票的内在价值。投行估值也是基于公司现状，如果公司现在表现很好，那么就认为未来也会表现得很好，这其实也是一种思维映射性。

再比如，各种技术指标的滞后性和助涨助跌性，也是思维映射性引发的。当均线出现多头排列时，往往会继续上涨；当均线出现空头排列时，往往会继续下跌，这是人的思维映射性在技术图表上的反应。还有红三兵、乌云盖顶等K线形态，都是根据当下的市场状态，映射出行情会继续延续该发展势头，这体现的就是人的思维映射性。可以这样说，一切技术指标的基本原理都是以人的思维映射性为逻辑基础的，没有人的普遍思想行为作逻辑定律，根本就不会产生所谓的指标技术。

综上所述，无论是从人的思想角度、价值分析角度，还是技术分析角度，思维映射性在维持价格沿原方向运动的过程中，都起着决定性的作用。

2. 中心对称性

从上一节的论证中可以知道，价格具有沿原方向运动的倾向性，且其背后力量是人的思维惯性。再结合惯性的定义可以知道，思维惯性越大，价格沿原方向运动的倾向性就越大。当思维惯性足够大时，价格沿原方向运动的倾向性就足够大，那么就会产生大级别的趋势运动。也就是说，市场强大的保持原有运动状态的力量，导致了趋势的产生。而保持原有运动状态即是重复运动，所以趋势的根本表现是股价的重复运动。无论是上涨趋势、下降趋势还是振荡趋势，都是股价重复运动的结果。

一个物体的重复运动，在几何上表现出一系列的对称性图形，如长方形、正三角形等。如图6–94所示，将长方形沿着对称轴对折，左右两边可以完全重合。

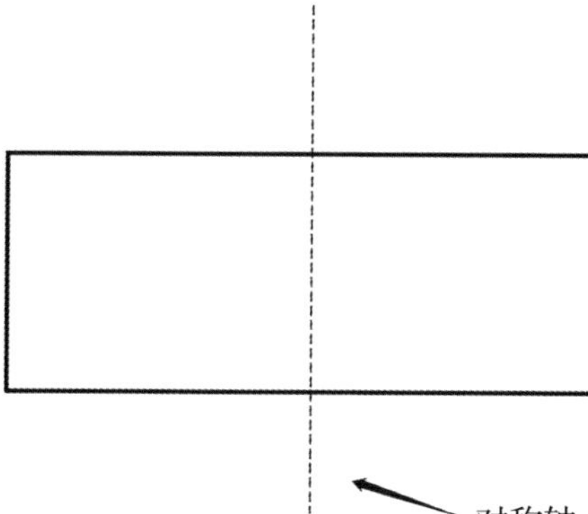

图6–94

如果把股票看作一个物体，因为重复运动会呈现轴对称性，所以趋势在理论上也应该是一种轴对称图形。由于股票运动是呈波浪形的，所以价格运动时，波浪应该呈现轴对称。如图6-95所示，将股价沿着对称轴对折，左右两边可以完全重合。

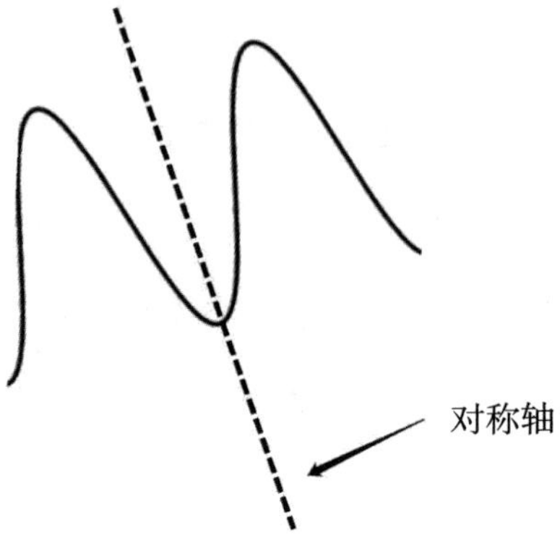

图6-95

图6-96为中国平安日线级别K线图，行情时间跨度为2007年3月1日到2008年12月15日。如图所示，行情*ABO*和行情*OB′ A′* 是关于直线*OO′* 的轴对称行情。

图6-96

当一个物体高度重复运动时，表现出的是一系列的中心对称图形，如圆、正方形等。如图6-97所示，将圆围绕圆心绕180° ，图形可以完全重合。

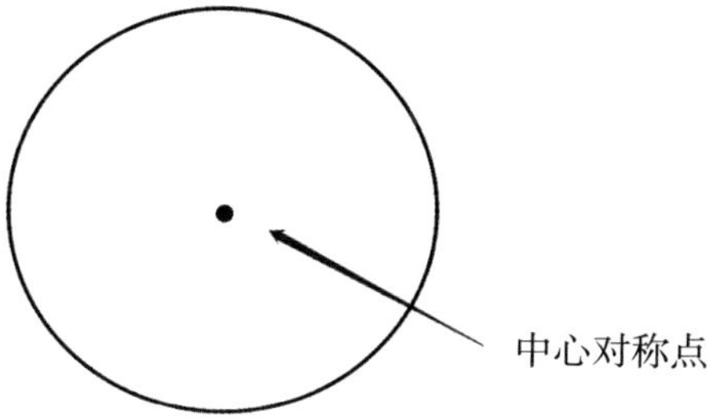

图6-97

同样，把股价看作一个物体，因为高度重复运动会呈现中心对称性，所以强劲的趋势在理论上应该是一种中心对称图形。由于股价的运动是波浪形的，所以当股价出现强劲的趋势时，波浪应该呈现出中心对称。如图6-98所示，股价绕着中心对称点O旋转180°，可以与下一段行情完全重合。

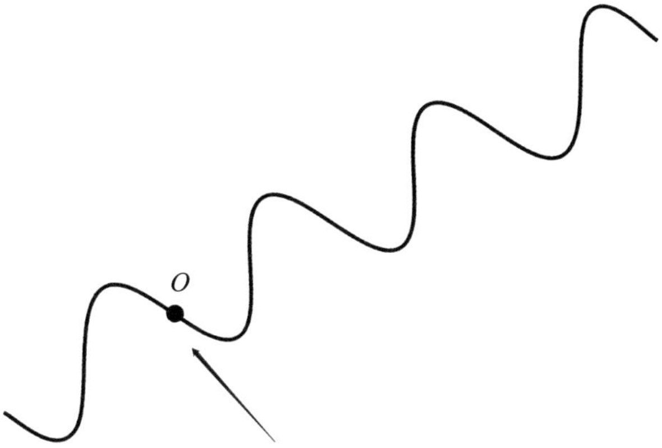

图6-98

图6-99为中国平安日线级别K线图，行情时间跨度为2007年5月31日到2007年12月6日。如图所示，行情ABO和行情$OB'A'$是关于O点的中心对称行情。

图6-100是正弦曲线（$y=\sin x$），根据数学知识可以知道，正弦曲线既是轴对称图形，又是中心对称图形。当股价呈现标准的中心对称性的时候，

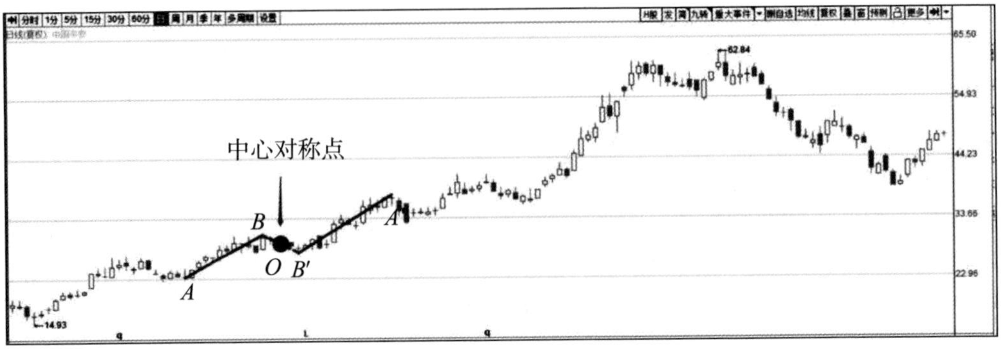

图6-99

就会和正弦曲线一样，既是轴对称图形，又是中心对称图形。为了方便理解，可以把股价走势看作正弦曲线。当趋势朝上时，股价走势可以看作向上的正弦曲线；当趋势朝下时，股价走势可以看作向下的正弦曲线；当趋势振荡时，股价走势可以看作和正弦曲线一样。

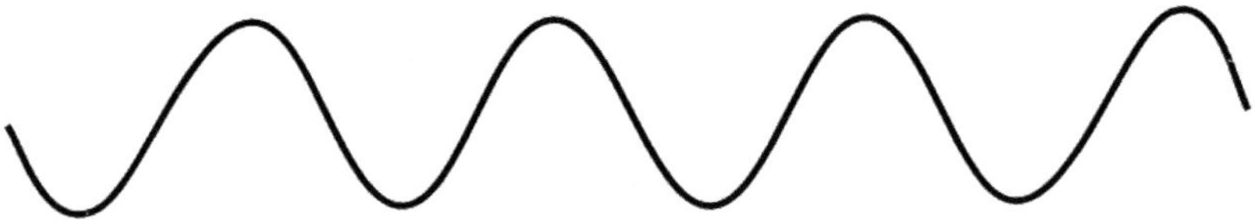

图6-100

6.3.3 中心对称点的画法

在中心对称图形中，最重要的点就是中心对称点。只要能找到中心对称点，就可以根据几何原理画出中心对称图形。

在股价走势上应用中线对称点，那么当我们知道股价的一部分波动时，通过中心对称点，就可以预测股价未来能到达的位置，所以寻找中心对称点是预测股价走势最重要的一步。那么如何才能准确地找出中心对称点呢？

答案已经显而易见，根据中心对称的定义，可以用几何法找到中心对称点。

实际上，股价的波动是不受任何约束的，所以行情波浪并非都能呈现完美的中心对称性，大多呈现的是不规则的、近似中心对称的图形。

针对不同情况的图形，下面具体给出规则股价图形中心对称点的画法和不规则股价图形中心对称点的画法。

1. 规则图形的中心对称点

当价格出现强烈的趋势运动时，它应该表现出高度对称。另外，在二维空间中，价格和时间是处在同一平面上的，根据几何原理，价格应该在时间和空间上都表现出中心对称性。理论上，股价是无限不断重复波动的，也就是说，股价的每一段周期在理论上都是一样的，就好比正弦曲线一样，每一段周期的图形都是一样的。

如图6–101所示，随意取出“正弦曲线”中某个完整周期的图形，将其看作一段强烈趋势中的股价波动。然后连接最高点A和最低点B，连线AB与“正弦曲线”相交于点O，则知道$BO=OA$，O点是AB的中心点。根据中心对称的几何原理，可以推断O点就是股价的中心对称点。

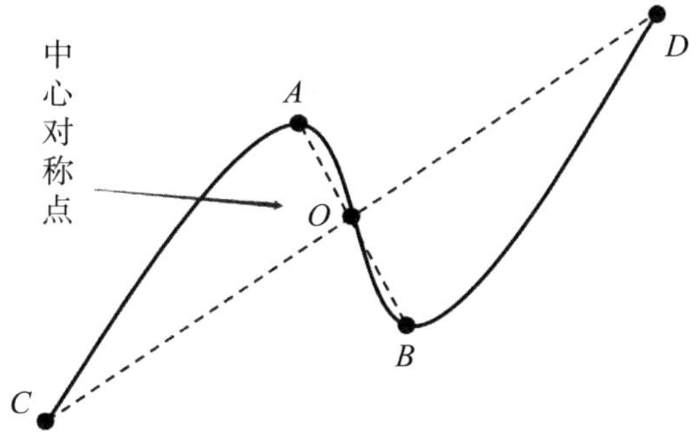

图6–101

当然，也可以连接最左边的C点和最右边的D点，同样也会与“正弦曲线”相交于点O，从而得出中心对称点。二者的区别在于，行情到达A点时，找出的中心对称点对未来行情走势具有预测意义。而在D点时，虽然也找能中心对称点，但在图形中，行情此时已经走完了，这时再分析及预测，实际意义和价值有限。所以在寻找中心对称点时，重点是根据AB这一段的调整浪，来找出行情的中心对称点，以便精准预测行情未来的涨势。

图6-102为中国平安日线级别K线图，行情时间跨度为2007年5月31日到2007年12月6日。如图所示，$CABD$是一段比较规则的中心对称图形，其中AB呈一条直线，因此可以很简单地找出其中心对称点。

连接波段高点A和低点B，与行情相交的点O，就是股价的中心对称点，而且O点就是AB的中点。也就是说，可以在B点后面的行情没有走出来时，就能确定行情的中心对称点，从而根据映射性进一步预测行情未来的走势。

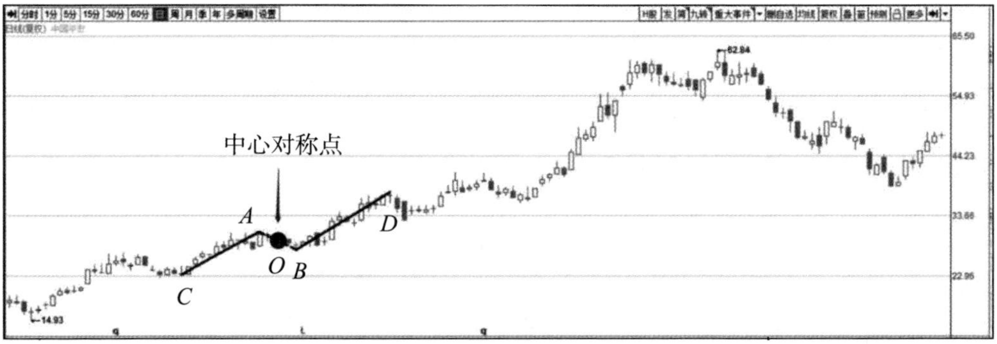

图6-102

2. 不规则图形的中心对称点

从上一节知道，在寻找中心对称点的时候，最关键的是AB这一段行情。但在实际的市场走势过程中，股价并不总是很规则地运行。也就是说，当连接AB两点时，直线AB可能并不与股价相交。如图6-103和图6-104所示，虚线AB为股价真实的波动路径。

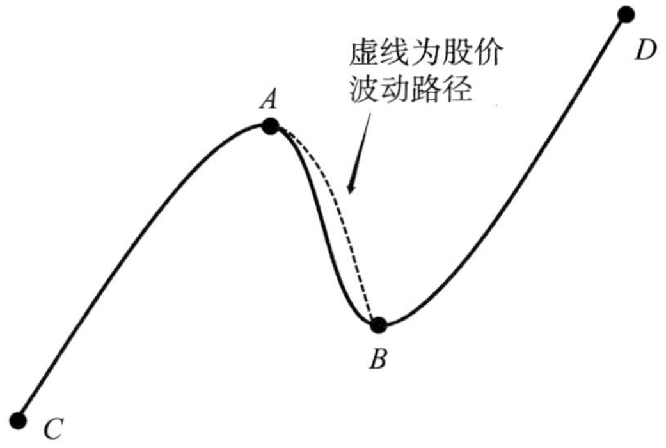

图6-103

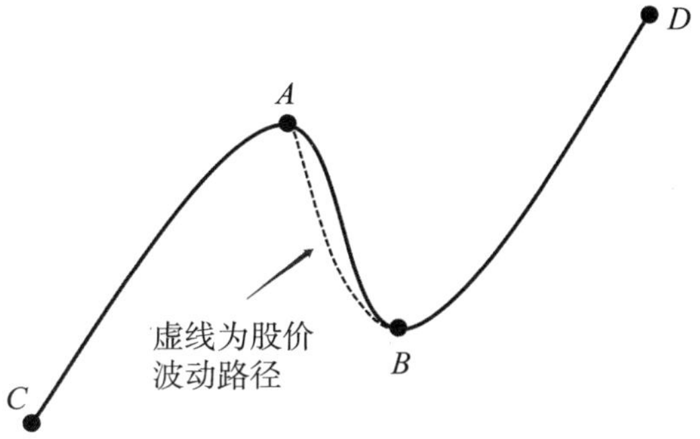

图6-104

可以把不规则的股价看作一段弧，则可以将图6-103和图6-104的中心对称点作近似处理。先连接AB两点，取直线AB两点的中点O，然后作AB的垂直平分线，垂线与曲线AB相交于点O'。**根据垂径定理，垂直于弦的直径平分这条弦，并且平分这条弦所对的两条弧**，可以知道O'就是曲线AB的中点，即$AO'=O'B$。实战中可以将O'点近似看作不规则图形的中心对称点。**根据中心对称原理，对称中心是两个对称点所连线段的中点**，即AO'必定等于$O'B$，如图6-105和图6-106所示。

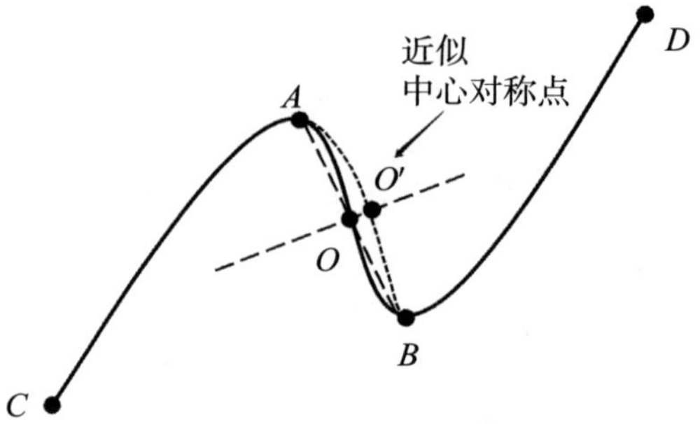

图6-105

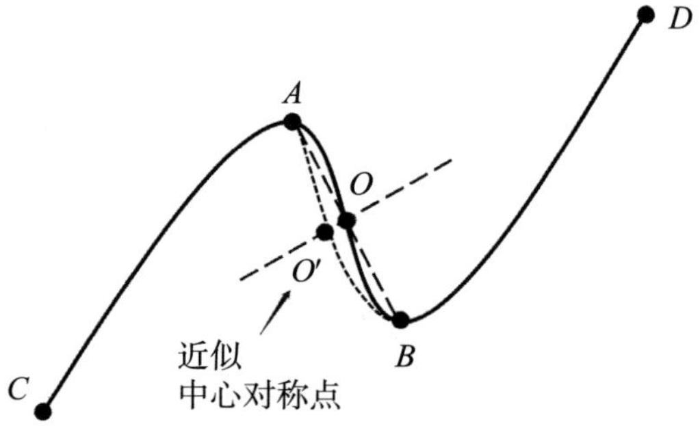

图6-106

图6-107为上海机场日线级别K线图，行情时间跨度为2017年3月14日到2018年4月3日。如图所示，*C*、*A*、*B*、*D*是这段行情的两个高点与两个低点，连接*AB*并做一条*AB*的垂直平分线，垂线与股价相交于点*O′*，该点近似为*CABD*这段行情的中心对称点。

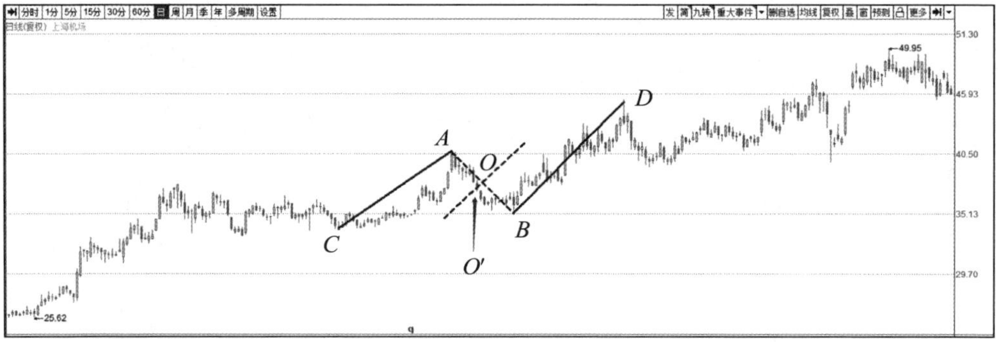

图6-107

注意：有时候垂线与行情相交的不止一点，那么可以取与直线AB（直线AB是股价曲线AB的弦）距离最远的点作为近似中心对称点。因为**根据垂径定理，可以知道平分弧的点到弦的距离必定最大**。还有一点，如果取点过近，则会有一部分价格点找不到映射关系，所以取距离最远的点是最合理的。

图6–108为中兴通讯日线级别K线图，行情时间跨度为2020年12月16日到2022年1月7日。如图所示，垂线与股价相交于多个点，其中O'是距离直线AB（弦）最远的点，所以O'点为股价走势的近似中心对称点。

图6–108

注意：在选择高低点的时候，应遵循近期偏好原则，即当两个高点或两个低点相同时，应该选择距离当下时点更近的高低点。图6–108中A点左方有一个高点和A点相近，但应该选择A点作为对称中心的最高点。

6.3.4 中心对称的意义

1. 极限性

大家知道，影响行情走势的因素众多。各种各样的因素比如降息、年报、新闻、公告、投资者情绪等，都会改变交易者的行为，从而对行情造成影响，引起行情的不规律变动，而且行情波动大多数都呈现粗略的中心对称性。

图6–109为中国平安日线级别K线图，行情时间跨度为2018年7月18日到2019年8月12日。如图所示，由于行情CC'是一条直线，所以取CC'中点O，即为行情的近似中心对称点。从图中可见，行情$ABCO$和行情$OC'B'A'$关于O点呈粗略的中心对称性。

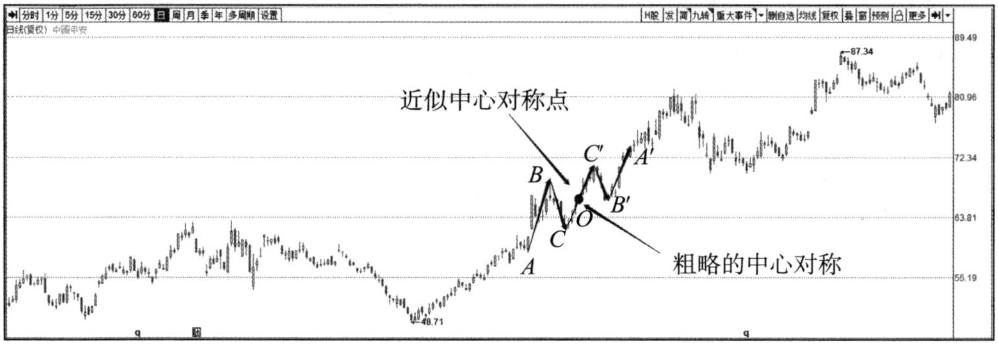

图6–109

很显然，当行情运动不规则时，会降低预测的准确性。那么什么时候行情会具有高度且近似于完美的中心对称性呢？

答案是极限。

极限是数学分支微积分中的基础概念，广义的极限是指无限靠近而永远不能到达的意思。数学中的函数极限指函数中的自变量在不断趋于某一点的过程中，函数逐渐向某一确定数值A不断逼近而"永远不能重合到A"的过程（永远不能够等于A，但是取A可以足够取得高精度的计算结果）。

将股价看作函数$f(x)$，那么根据极限定理可以知道，对于无限趋近的两个时间点，它们对应的股价会趋于相等，即

$$\text{Lim} f(x_0)=\text{Lim} f(x) \qquad x\to x_0$$

仍以中国平安的行情走势为例，当把时间周期缩小之后，行情就会变得更具中心对称性。

图6-110为中国平安日线级别K线图，行情时间跨度为2018年7月18日到2019年8月12日。图中的行情$ABCC'$呈现完美的中心对称性。

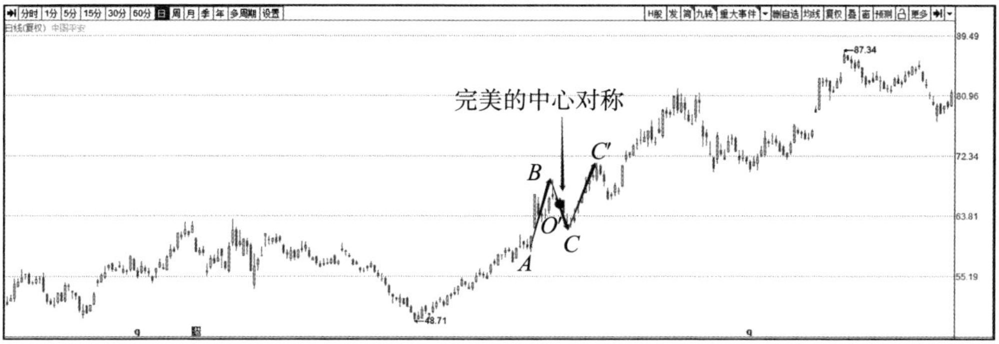

图6-110

还是以中国平安的行情走势为例，当把时间周期极限缩小之后，行情就会呈现更加强烈的中心对称性。

图6-111为中国平安日线级别K线图，行情时间跨度为2018年7月18日到2019年8月12日。当把时间周期进一步缩小到2019年2月25日，当天行情是大阳线上涨，分时走势表现为一条直线上涨，很显然这根大阳线呈现出更加完美的中心对称性。

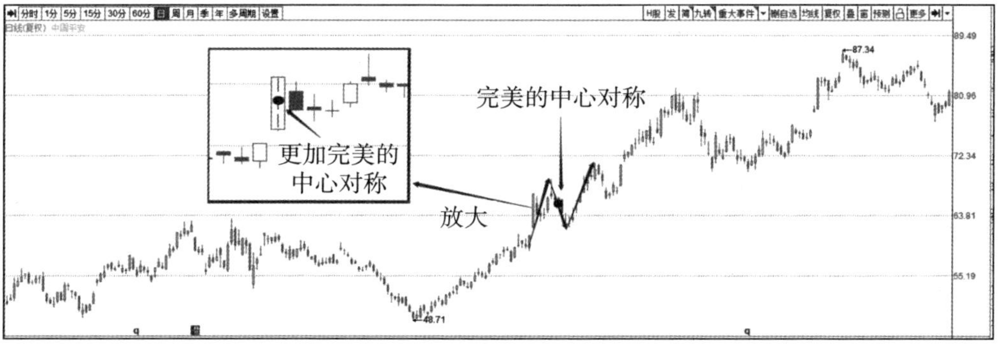

图6-111

其实，当把时间无限缩小至趋近的两点时，根据极限定理，可以知道两点的股价趋于相等，如图6-112所示。

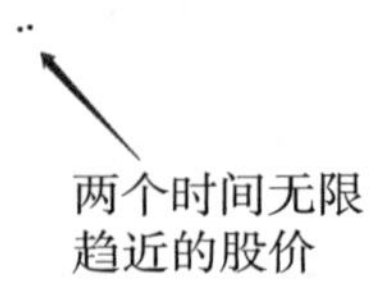

图6-112

趋于相等的两个股价即高度重复，高度重复也就呈现最完美的中心对称性。在实际的市场运行过程中，让投资者改变行为的因素需要相隔一定时间才会出现，不可能在极短的时间内发生接二连三改变投资者思维映射性的重大事件。

在极短的时间内，投资者的行为往往是具有惯性的，也就是具有思维映射性。又因为价格是由人们的交易产生的，所以投资者思维映射性的存在，会导致交易行为惯性发生，这样就会导致价格重复并出现中心对称性。

中心对称极限性带来的启发，是无限趋近的两个时点，会产生完美的中心对称性。如果以现在时点作为标准，那么就是越趋近现在时点的股价，越容易与当下股价产生重复性，也就是当下的中心对称性越好，越容易产生趋势，因此越容易被预测。从这里也可以看出，最有效的趋势交易是永远关注当下，市场当下能给你最有效的趋势信号。一旦当下对称性被破坏，那么就能说明行情趋势发生改变。如果当下保持对称性，则说明下一步行情大概率还会继续保持趋势重复。

就像利弗莫尔所说："行情不是被你判断对了，行情有其自己的生命。"当行情走势与自己的判断相反时，一定要相信市场，不要固执己见。永远要对自己的判断保留谨慎的态度，除非市场已经证明了自己的看法。重要的不是你判断市场会怎么样，而是市场当下发生了什么，当下告知你何种信号，当下的现实是什么。永远要顺着当下的趋势交易，市涨买涨，市跌买跌，不要逆势而为。

总结：中心对称极限性告诉我们，永远要关注当下，这才是最强的顺势交易。

2. 速率性

速率是一个物理概念，是指物体运动的快慢。速率是速度的大小或等价于路程的变化率。速率的公式为：

$$V=S_{路}/t$$

其中$S_{路}$是指路程，t为时间，V为速率。

如图6-113所示，OA是物体A运动的路径，OB是物体B运动的路径。二者在垂直方向上都发生了4个单位的位移。A实际运动了5个单位的路程，花费了2分钟；B的路径分为两段，前后都各运动了3个单位的路程，花费了5分钟。

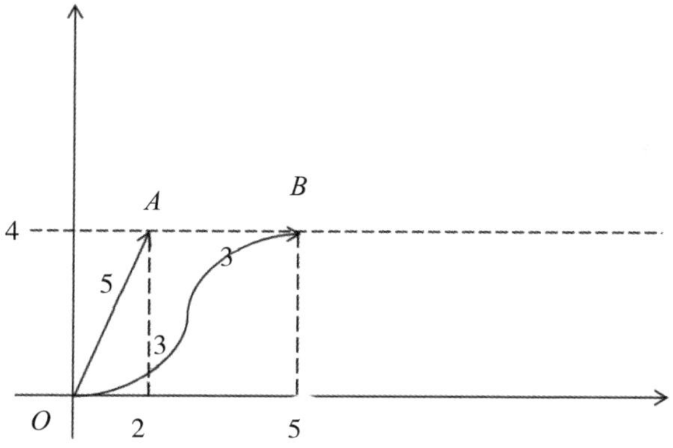

图6-113

根据以上条件，可以算出A和B各自的速率。

$$V_A=S_{路}/t=5/2=2.5$$

$$V_B=S_{路}/t=6/5=1.2$$

通过比较，可以发现A的速率大于B。从图形上也可以看到OA的斜率大于OB，并且OA的中心对称性明显强于OB。**由此可以得出结论：速率越大，中心对称性就越好**。一般来说，速率越大，股价的趋势斜率会越大，即趋势强度越大（斜率详解见下一节）。

注意：这里不用速度概念，是因为速率与速度不同。速率是路程与时间的比值，而速度是位移与时间的比值。速度是矢量，既有大小又有方向，它描述物体运动的快慢，同时反映物体运动的方向；速率是标量，只有大小，没有方向。当股价上下波动时，没有办法通过比较速度大小来测算趋势的强度。

图6-114为中微公司日线级别K线图，行情时间跨度为2019年12月25日到2021年12月15日。如图所示，在股价的斜率上，行情AB明显大于行情CD，对应的中心对称性也是行情AB明显好于行情CD。因此可以说趋势越强，中心对称性也越好。在交易时，中心对称性越强的行情，往往会有更好的盈利空间。

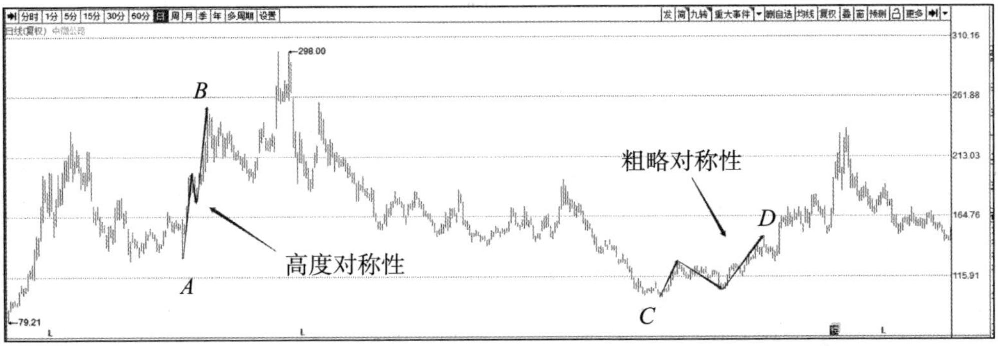

图6-114

总结：中心对称的速率性告诉我们，斜率越大的行情，中心对称性越好，越容易被预测，其盈利空间自然也更大。

3. 映射性

把股价走势看作股价集合，在中心对称中，两个集合分别记为M和N。

那么集合M和集合N中的元素，都是由一些价格下跌的点和一些价格上涨的点组成。集合M和集合N中下跌的点和上涨的点存在一一对应的关系，因此可以根据股价集合M，映射出未来股价集合N的走势情况，这就是映射性。这个映射性的运算法则是中心对称性。

以上涨行情为例，中心对称的映射性是指，当股价下跌的点全部映射完，且本集合的价格点已经完全从数量上和绝对值总和上都超过了本集合的下跌点，这时就可以确定趋势一定会延续上涨。

映射性主要有以下三个重点。

第一，只有股价下跌的点全部映射完之后，趋势才会发生质的改变。当下跌的点全部映射完之后，那么股价就只剩上涨的未映射的点，也就是说，后市所有等待映射的点都是上涨的，自然后市股价一定会开始上涨。反过来说，当股价下跌的点还未映射完时，根据中心对称的极限性，表明行情极大概率下一步还是会下跌，自然还没到上涨的时机。

如图6–115所示，在上涨行情中，CAO段股价和OBD段股价关于O点呈中心对称关系。将CAO记为集合M，OBD记为集合N。那么上涨浪CA映射的是BD上涨浪，AO下跌浪映射的是OB下跌浪。那么，当股价在O点开始运行时，股价每波动一个价格，就会映射出AO下跌浪中的一个点。当股价运行到B点时，AO下跌浪就全部映射完了。此时，在整个中心对称关系中，只剩下CA浪未被映射。也就是说，如果股价中心对称性成立，那么此时股价一定会进入上涨。如果股价还处于E点，说明AO下跌浪未映射完毕，根据中心对称的极限性，那么价格下一步只可能是下跌，不会上涨。

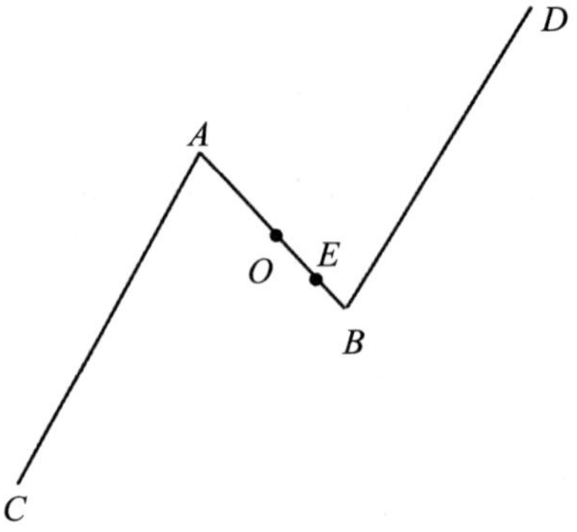

图6-115

图6-116为韦尔股份日线级别K线图，行情时间跨度为2021年4月9日到2022年1月7日。如图所示，当行情在*E*点时，*AO*下跌浪并未映射完毕，因此价格将会继续向下运行。从图中可见，*E*点之后，韦尔股份行情继续创新低至*B*点。

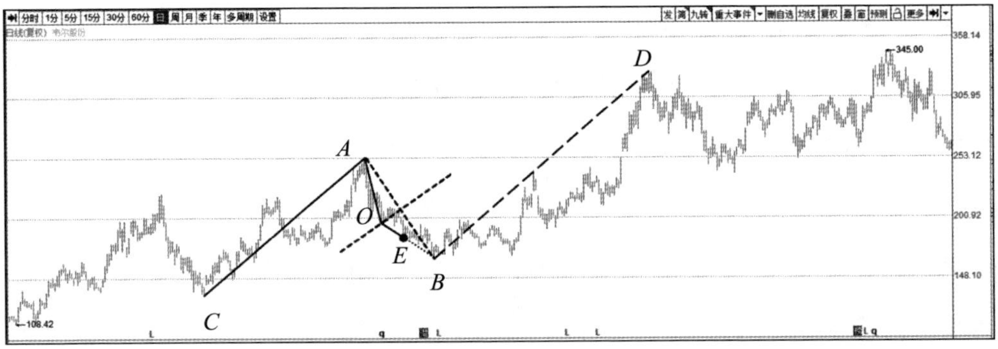

图6-116

第二，集合中每个点都是一一对应的，从理论上来说，呈中心对称的两个集合，它们的元素数量是一样的。因此，在不考虑元素大小的情况下，如果集合中上涨点多于下跌点的个数，那么表现的一定是上涨趋势。

比如，集合N是由一系列上涨或下跌的股价点组成，将上涨的点表示为+1，下跌的点表示为-1，在不考虑元素大小的情况下，如果集合中有20个下跌元素，21个上涨元素，通过简单计算，可以得出：

$$21\times(+1)+20\times(-1)=+1$$

计算得出来的结果是+1，因为股价是有方向和大小的元素，所以将这个结果称为**集合的净矢量个数**（即集合中股价上涨元素的净个数）。因为结果是正数，所以股价集合N最后的表现一定是上涨的。

由此得出结论，趋势确定上涨的条件是本集合中上涨元素的个数超过下跌元素的个数，即净矢量个数必须为正数。上例中表现的是在本集合中，上涨的相对位移要大于下跌的相对位移。相对位移是指二维平面中股价起点到终点的直线距离，而非股价上涨或下跌的距离。

如图6-117所示，将OBD记为股价集合N，OB和BF为相对位移且$OB=BF$，那么只有当股价穿过F点时，才能确定股价开始反转上涨，因为此时BF上涨的元素多于OB下降的元素，即集合OBD中矢量个数为正数（矢量和表现为净上涨）。从趋势定义上讲，股价上涨个数多于下跌个数，是趋势上涨不可或缺的条件。

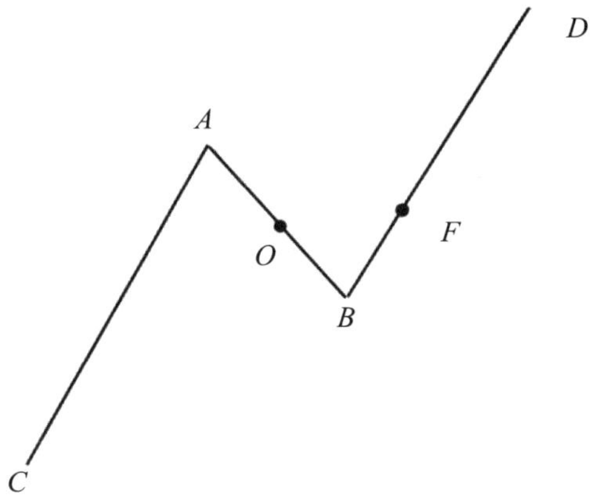

图6-117

图6-118为深南电路日线级别K线图，行情时间跨度为2020年2月13日到2021年3月18日。如图所示，当股价到达F'点时，由于BF'小于OB，说明上涨的价格点个数少于OB段下跌的价格点个数，股价依旧可能下跌，不

适宜买进。从图中可见，股价的确从F'点开始回落。当股价达到F点时，$OB=BF$，此时则表明BF段上涨的价格点个数和OB段下跌的价格点个数相等，只要价格再继续上涨，突破F点，那么行情就可能转为上涨了。从图中可见，当股价突破F点时，股价继续上涨（注意：股价上涨突破F点并不是趋势确定上涨的充要条件，只是必要条件）。

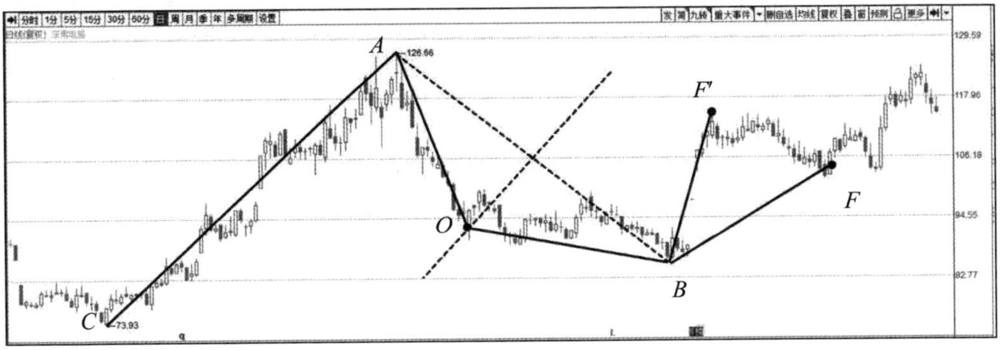

图6-118

第三，集合中的点作为股价是有大小之分的，所以在集合中，上涨元素的个数多于下跌元素的个数，不一定能保证趋势为上涨，必须要再加一个条件，就是上涨元素的绝对值之和必须大于下跌元素的绝对值之和，这样股价就一定表现为上涨趋势。

比如，集合N是由一系列上涨或下跌的股价点组成，下跌表示为负数，上涨表示为正数，大小表示波动幅度。假如集合N中有3个下跌元素和3个上涨元素，分别记为（−1,−8,−9）和（+1,+5,+5），通过简单计算，可以得出：

$$(-1)+(-8)+(-9)+(+1)+(+5)+(+5)=-7$$

计算得出来的结果是−7，因为股价是有方向和大小的元素，所以将这个结果称为**集合的矢量值**（即集合中股价上涨的净幅度）。因为结果是负数，也就是说股价集合的矢量值是下跌的，所以集合中的元素最后表现的一定是下跌的。只有上涨元素的绝对值之和大于下跌元素的绝对值之和，才能确定是上涨趋势。只是数量上上涨元素超过下跌元素，并不能保证为上涨趋势。

如图6-119所示，将OBD记为股价集合N，$OB=BF$，O点和G点处于同一价格水平。当股价向上突破BF时，因为价格并没有超过O点，所以趋势不一定会反转上涨，只有当股价突破G点时，股价才会真正的确认反转。

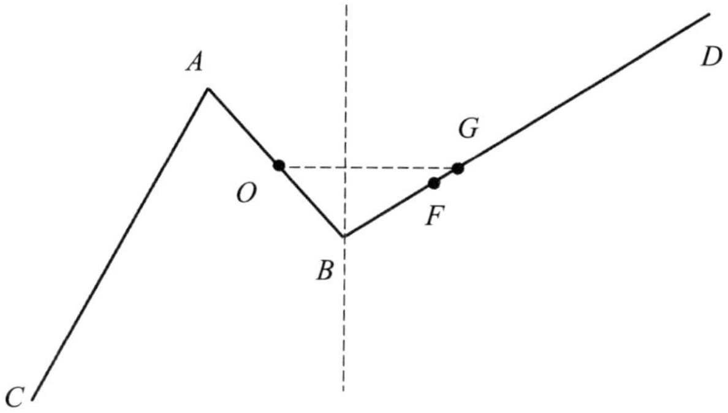

图6-119

图6-120为韦尔股份日线级别K线图，行情时间跨度为2021年4月9日到2022年1月7日。如图所示，将OBG记为股价集合N，当股价达到F点时，虽然$OB=BF$，表明在本集合中，回升的股价个数和OB下跌的股价个数相同，但是F点低于O点，表明在本集合中，股价的矢量值此时为负数，所以股价依然有可能下跌。从图中可见，股价从F点开始下行，并没有转为上涨。

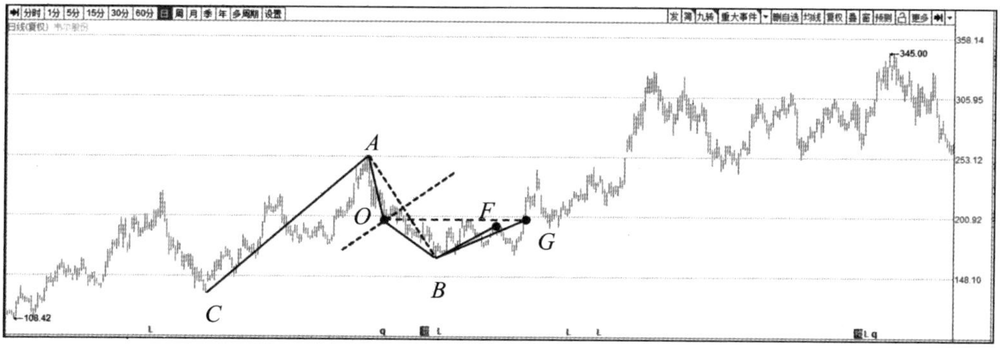

图6-120

当股价达到G点时，在本集合中，股价的上涨个数已经等于OB段下跌的个数，且本集合中股价的矢量值为正数，那么后市一旦股价越过G点，则表明上涨趋势确立，可以大胆买进。从图中可见，韦尔股份实际股价也是如此，在突破G点之后，开始走出底部，持续上升。

如图6-121所示，O' 点为两条虚线的交点。其中$OB=BF$，当$\angle OBO'$ 大于或等于$\angle O'BF$时，根据正弦定理，可以推导出F点对应的股价一定大于O点对应的股价，也就是说，当股价向上突破F点时，一定也突破了O点的股价，就一定能确认趋势反转上涨。

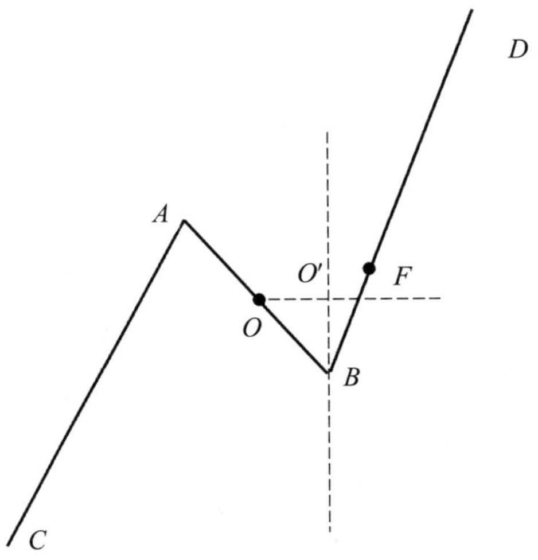

图6-121

图6-122为深南电路日线级别K线图，行情时间跨度为2020年2月13日到2021年3月18日。如图所示，$OB=BF$，且$\angle OBO'$ 大于或等于$\angle O'BF$，很显然F点对应的股价高于对称中心O点对应的股价，所以当股价向上越过F点，就表示股价确立上涨趋势，可以开仓买入。从图中可见，股价在越过F点之后，股价确实继续上升。

总结：中心对称的映射性告诉我们，确定股价上涨的充要条件是：在行情反弹过程中，股价反弹的幅度必须超过中心对称点到最低点的股价幅度

（在行情图上表现为垂直高度——绝对位移），且股价运行的直线距离（最低点到现价的距离，在行情图上表现为二维平面的直线距离——相对位移）必须超过中心对称点到最低点的直线距离。

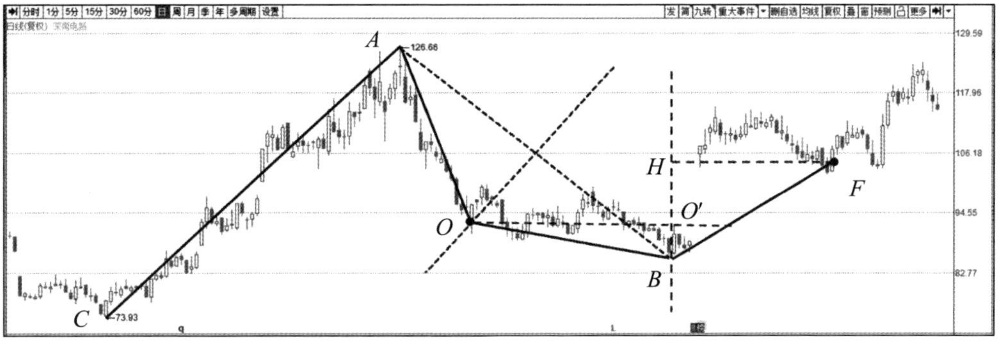

图6-122

6.3.5 中心对称点交易法则

1. 入场法则

根据中心对称的含义，可以总结出中心对称点的三条交易法则。

（1）市涨买涨、市跌买跌。

中心对称点交易法则的第一条是市涨买涨、市跌买跌。这里不用顺势而为这个词，因为市涨买涨、市跌买跌更贴近真正的趋势交易。市涨买涨、市跌买跌即看到什么，就交易什么，不但顺大趋势、小趋势，甚至顺应了即时趋势，因此市涨买涨、市跌买跌是最强的趋势交易。

根据中心对称的极限性，如果当下行情是下跌的，那么下一步行情极大概率也会下跌，因为时间越接近，重复性也变成无法想象的高。当下行情正在下跌时，哪怕我们认为后市行情一定会涨，也应该等一等，等它开始以肉眼可见的速度上涨之后再去买入。

投资者永远要交易你看到的，而不要交易你认为的。就像利弗莫尔强调的那样，“那些赚钱的头寸是从一开始就有利润的”，而买正在上涨的股票，才有可能入场即出现账面利润。因为行情一旦开始上涨，根据中心对称的极限性，那么下一步也会高概率复制上涨，所以永远要买上涨的股票。同理，永远不要在股票下跌时死捂不放。

最好不要预测市场，市场朝哪个方向运行，不是我们能够决定的。趋势具有不可遏制的洪荒之力，不要试图去阻止它。当你看到市场上涨了，这就是最好的预测。应该关注当下，所有已经发生过的行情，都是毫无意义的。大多数分析技术都是沉浸在过去，沉浸在历史走势中，而本书强调“好汉不提当年勇”。决定未来行情的是当下的市场表现，即最具有意义的是现在的市场走势，而非过去的市场走势。

投资者会错，而市场永远不会错，所以在市场表现为上涨之前，永远不要完全相信你的判断，否则你将陷入自己锚定的错误趋势中，直至亏光。不要与市场争论，一定要耐心等到中心对称显示上涨时，你才可以交易。成功的交易者，他们行动的依据并不是自己认为应该发生的事情，而仅仅是对发生的事情做出正确的反应。

市场有顶部和底部吗？答案是当然有。但是我们不是主力，无法决定顶部和底部的位置。笔者也不鼓励大家抓住顶部或底部，因为顶部和底部只有一个，所以正确只会出现一次。中心对称点交易法则不具有绝对性，所以交易也不是绝对正确，我们没必要为了一棵树而放弃整片森林。事实上，大多逃顶或抄底的投资者，总是抱着顶部和底部绝对正确的心态，企图重仓出击，急于短期实现巨大的投入回报，然而往往事与愿违。

（2）割线斜率买进。

一段行情高点和低点的连线称为割线。如图6－123所示，A点和B点分别是行情的低点和高点，虚线是过A、B两点的直线，则虚线为割线。由于行情往往呈波浪形运动，所以割线与行情的交点往往会有多个。

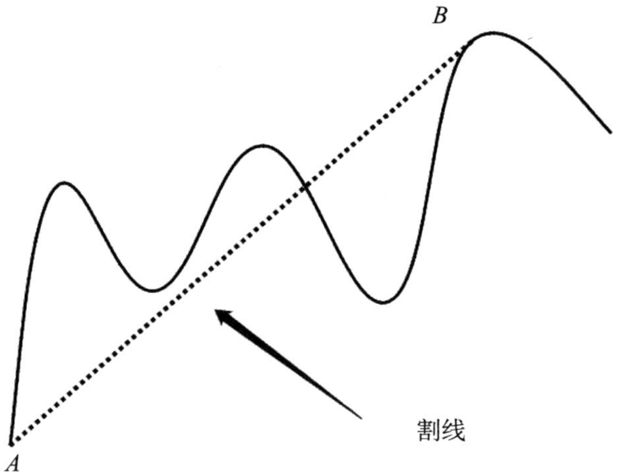

图6-123

图6-124为中远海控日线级别K线图，行情时间跨度为2020年9月24日到2021年10月27日。如图所示，直线*AB*为行情的割线，直线*AB*与行情相交于多个点。

图6-124

割线的斜率用*K*表示，则割线斜率公式为：

$$K=\tan\alpha$$

其中，α是*AB*相对于水平线的角度，如图6-125。

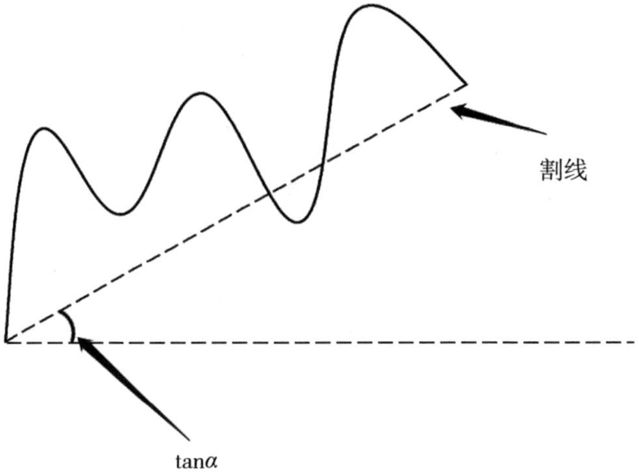

图6-125

根据中心对称的速率性，可以知道割线的斜率越大，行情的趋势性就越强，中心对称性也越强。所以行情割线斜率越大，交易的信号就越强，赚钱机会也会越大。从动能角度讲，斜率越大，运动速率越快，动能就越大。根据动能定理，动能越大的物体惯性越大。惯性越大，保持原有运动状态的动能越大，因此中心对称性就越强。

图6-126为中远海控日线级别K线图，行情时间跨度为2020年9月24日到2021年10月27日。如图所示，割线相对于水平线的角度为α，则割线的斜率为$K=\tan\alpha$。

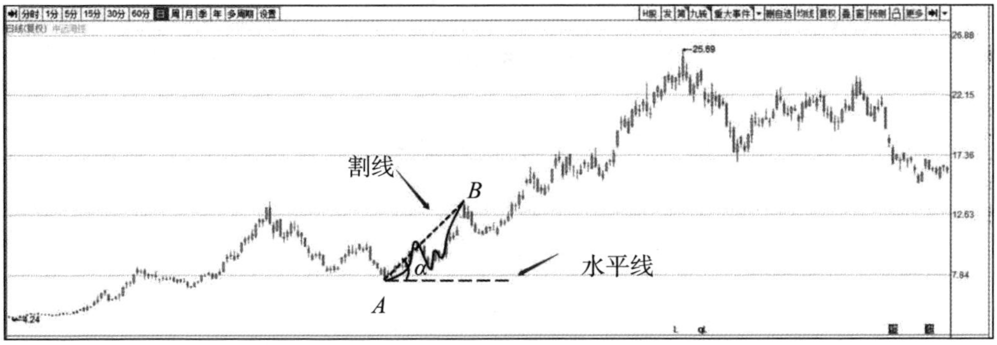

图6-126

当行情上涨的斜率很小时，表明股价上升力度弱，多头买盘意愿不强，动能不足。一般行情斜率呈45° 角上涨最好，因为这个角度动能不太弱，也不太强，行情走势具有更好的持续性。股价过分快速地上涨，往往会在短时间内消耗多头太多的动能，造成短时间内出现巨大的成交量。俗话讲“物极必反”，急涨并非就是好事，急涨的行情往往无法持续，容易形成“一日反转”走势。当股价上涨的斜率低于30° 角时，也应该引起注意和警惕。

图6-127为比亚迪日线级别K线图，行情时间跨度为2020年2月13日到2021年3月18日。如图所示，比亚迪的股价以约45° 角上涨，成交量保持中等规模，表明市场多头动能输出稳定，行情持续性非常好。从图中可见，比亚迪股价短短4个月左右翻了3倍多，像这样的行情，就是最值得参与的行情。由此可见，行情斜率也可以看作关键点重要的时机因素之一。

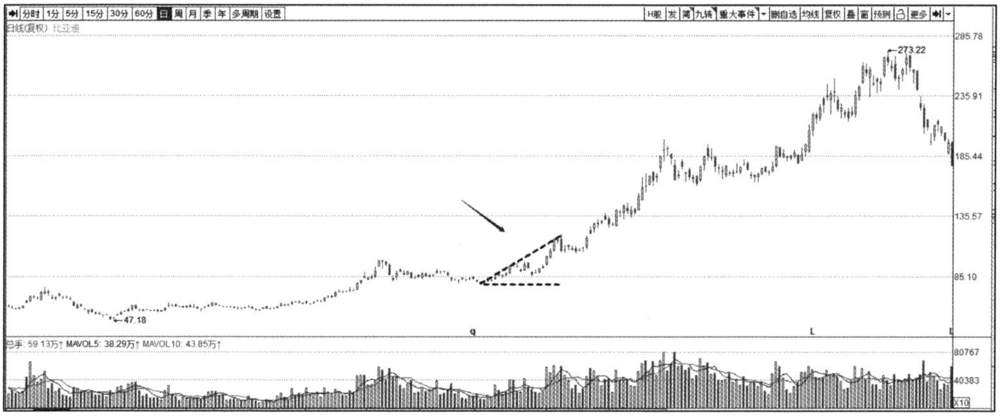

图6-127

图6-128为广田集团日线级别K线图，行情时间跨度为2020年3月20日到2020年12月22日。如图所示，行情近乎直线拉升，成交量放出天量，表明做多资金在极短时间内全部成交，上涨动能快速枯竭。果然广田集团行情

上演了“一日反转”走势，两天内即见顶暴跌。像这样的行情，尤其是当行情高位出现直线拉升时，一定要有多远躲多远。

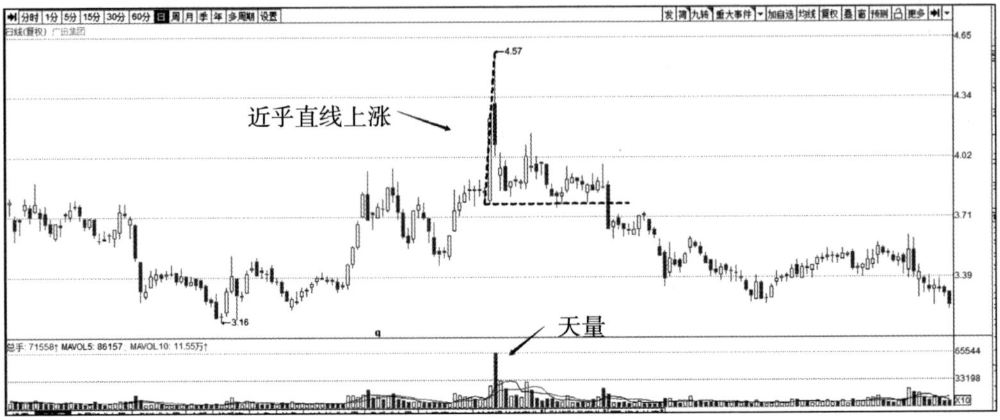

图6-128

图6-129为华铭智能日线级别K线图，行情时间跨度为2018年2月13日到2018年11月18日。如图所示，该股股价反弹微弱，斜率非常小，且成交量低迷，这时不要急于抄底，因为这很可能只是行情下跌的开始。从图中可见，多头经过苦苦支撑，最终被空头击破，随后股价一泻千里。一旦出现这样的行情，我们要有耐心，等股票活跃起来，开始快速上冲，否则最好让自己在场外观望，这才是弱势行情中的上策。

图6-129

（3）绝对突破买入。

根据中心对称的映射性，知道股价必须满足既突破绝对位移又突破相对位移时，才能进场买入，这里称之为绝对突破，即股价上涨必须在垂直方向超过对称中心点到最低点的距离（价格水平升高了），且必须超过中心对称点到最低点的二维平面直线距离。

如图6-130所示，线段AB为A点到B点的相对位移，线段AB'是A点到B点的绝对位移。绝对位移代表股票的涨跌幅度，相对位移是股价在空间的直线运行距离。

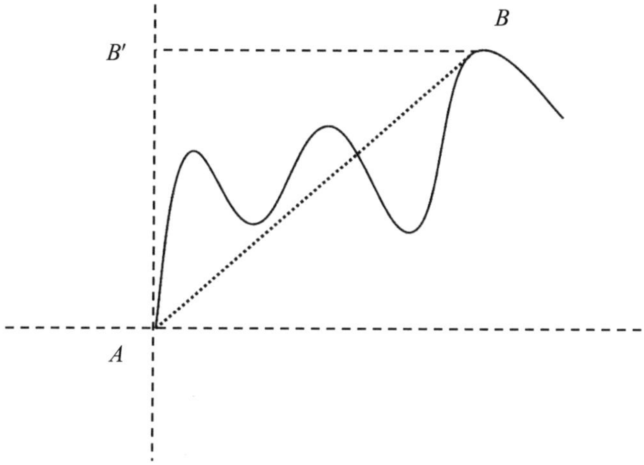

图6-130

根据中心对称的映射性可以知道，只有**当本集合股价的矢量个数和矢量值同时表现为上涨时**，股价才是真正意义上的突破，也就是满足绝对突破条件。

绝对突破主要有以下两种情况。

第一，当行情下跌的斜率小于行情回升的斜率时，只要价格向上突破相对位移点，即本集合股价的矢量个数为上涨时，即为买入信号（此时一定突破了绝对位移点）。

第二，当下跌角度小于上升角度时，只要价格突破绝对位移点，即本集合股价的矢量值为上涨时，即为买入信号（此时一定突破了相对位移点）。

为了方便比较，下面介绍行情下跌角和行情上涨角的大小来判断斜率的大小，下跌角和上涨角是指行情与铅垂线之间的夹角。因为下跌角和回升角处于相邻的位置，所以更容易直观判断。

如图6-131所示，O是中心对称点，O'是水平线与铅垂线的交点，$\angle OBO'$是下跌角、$\angle O'BD$和$\angle O'BD'$是上升角，$OB=BF$，O点和F'点股价相同。因为$\angle OBO'$大于$\angle O'BD$，则当股价向上突破F时，就是买入信号，也是重要的关键点；因为$\angle OBO'$小于$\angle O'BD'$，则只有当股价向上突破F'时，才是买入信号，也是重要的关键点。

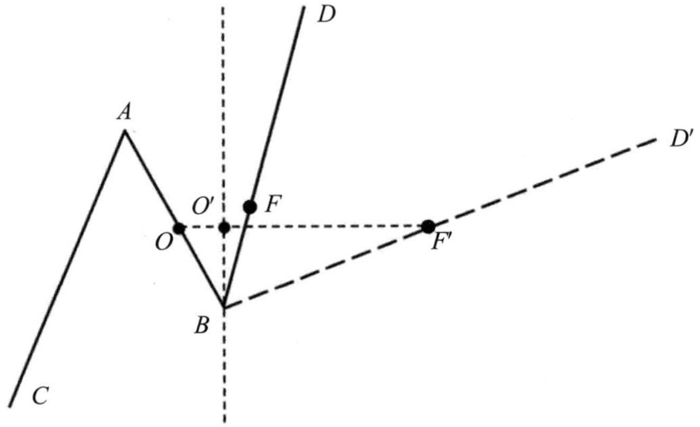

图6-131

图6-132为华菱钢铁日线级别K线图，行情时间跨度为2020年8月4日到2021年8月26日。如图所示，O是中心对称点，O'是水平线与铅垂线的交点，$\angle OBO'$大于$\angle O'BF$，$BF=OB$。当股票向上突破F点时，绝对位移BF一定大于OB，则此时为买入信号。从图中可见，股价向上突破F点后（即锚定点F本身，价格突破相对位移），股价快速拉升。

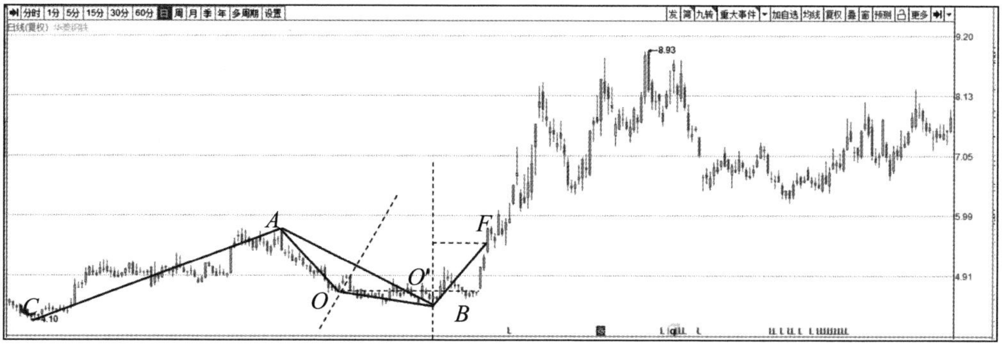

图6-132

图6-133为三一重工日线级别K线图，行情时间跨度为2020年6月9日到2021年3月15日。如图所示，*O*是中心对称点，*O′* 是水平线与铅垂线的交点，∠*OBO′* 小于∠*O′ BF*，*F*点的股价和*O*点相同，那么当股价向上突破*F*点时，相对位移*BF*一定大于*OB*，则此时为买入信号。从图中可见，股价向上突破*F*点后（即锚定点*O*，价格突破绝对位移），股价如“翻跟斗”般强劲上冲。

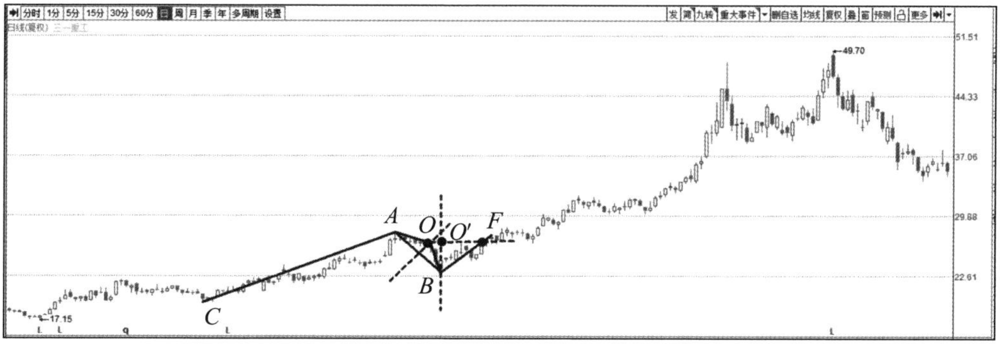

图6-133

总结：当下跌角度大于上升角度时，锚定中心对称点的相对位移点，向上突破则大胆买入；当下跌角度小于上升角度时，锚定中心对称点的绝对位移点，向上突破则大胆买入。

中心对称点交易法则就是这么简单，只需要锚定绝对位移点或者相对位移点，符合条件就可以放手买入，往往都能获利不菲。其实哪怕最完美的分析，通常都不如眼睛看到的趋势准确。很多时候，交易者总是弄巧成拙，放弃简便的方法，却使用了复杂而虚浮的分析，结果离真相越来越远。真理往往是深入浅出，而谬论无一例外是浅入深出。然而深奥和复杂不是一回事，原理可以深奥，但结论必须简单明了，因为越简单越能发挥作用。

2. 止损法则

（1）绝对低点止损。

中心对称点交易法的止损法则是前期绝对低点止损，即依据股价的绝对低点设置止损。如果绝对低点止损不合理，即止损过大或者过小时，可以根据关键点设置止损，举例见附录A。

如图6–134所示，当行情没有突破高点的时候，点1就是绝对低点；当行情突破高点之后，点3就变成绝对低点。

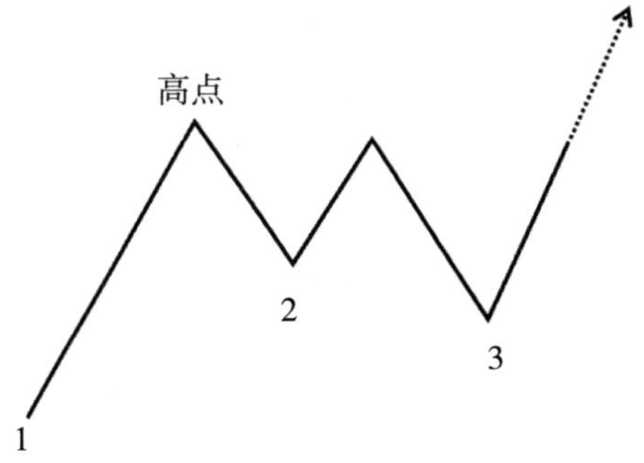

图6–134

判断绝对低点的前提是两段行情之间要有明显的趋势转换。如图6–135所示，左边行情的绝对低点是*A*点，因为行情没有发生趋势转换（判断行情趋势是否发生转换，方法详见《像利弗莫尔一样交易——让利润奔跑》一书）。右边行情的绝对低点是D点，因为这段行情由上涨转为振荡，再由振荡转为上涨，其间发了趋势转换。

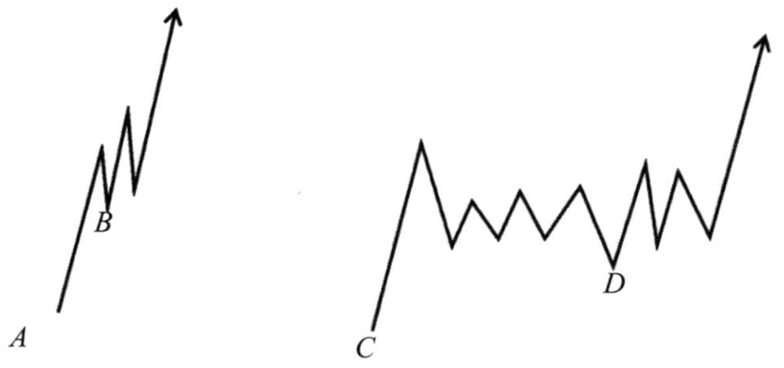

图6-135

图6-136为三一重工日线级别K线图，行情时间跨度为2020年6月9日到2021年3月15日。如图所示，如果行情向上突破F点进场买入的话，那么止损应该设置在J点，因为J点是行情的绝对低点。

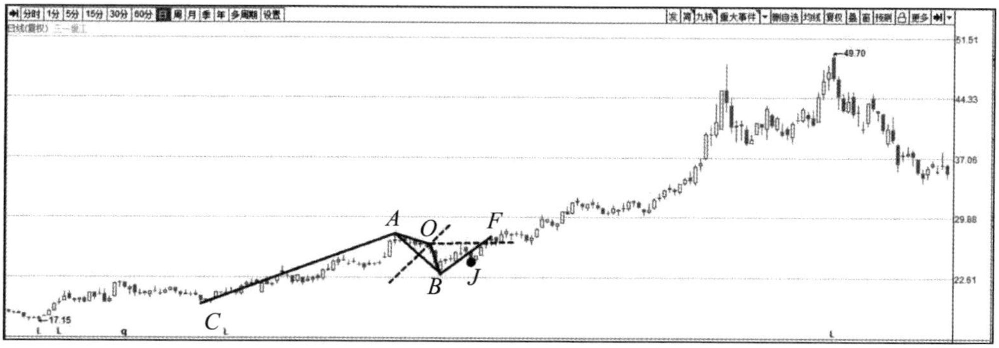

图6-136

（2）数学推导。

以下是《像利弗莫尔一样交易——让利润奔跑》这本书中绝对低点的数学原理推导。更多相关内容读者可以研读《像利弗莫尔一样交易——让利润奔跑》，以便对绝对低点有更深刻的了解和认识。

绝对低点是在运用VLR模型进行长线资本运作过程中，为了最大程度扩大利润，防止行情的毛刺和杂波而规定的唯一合理出场点。

绝对值没有任何条件限制，不受任何限制，即绝对低点不受行情的毛刺和杂波影响。也就是说，绝对低点不能发生在同一个函数表达式的股价之内，即两波上涨行情，必须是单调性发生了改变。

如图6－137和图6－138所示，将股价整个上涨和下跌趋势函数记为$F(x)$，图中CD段符合$y=g(x)$表达式，AC和DE段符合$y=f(x)$表达式，EF段符合$y=h(x)$表达式。其中CD属于上涨趋势中的毛刺行情。

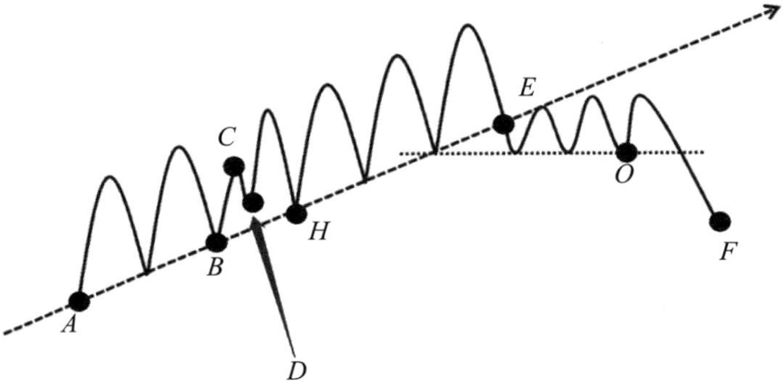

图6－137

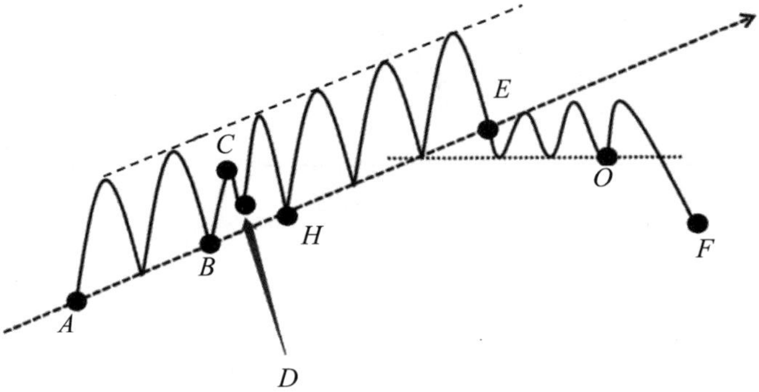

图6－138

当行情运行到CD段的时候出现了毛刺行情，从而形成一个相对低点D。当股价继续运行至H点的时候，此时虽然H点跌破相对低点D，但是股价仍旧处于上升通道中。只有股价继续跌破H点，股价的函数表达式才会发生改变，即单调性发生改变，也即趋势可能发生反转。根据临界点原理，股价必须跌破*B*点，才是VLR模型的出场点，所以相对于*H*点，*B*点才是股价的绝对低点，而*D*点只是股价杂波和毛刺行情运行过程中形成的相对低点。从图中可见，在*D*点出场就会卖飞。这段行情的最终出场点应该是*O*点，因为股价跌破*E*点之后，股价函数表达式就不再符合$y=f(x)$表达式，*EO*段的函数单调性发生了改变。所以*O*点才是股价的绝对低点，也是VLR模型最终的获利出场点。

由此可以看出，绝对低点是指股价函数单调性发生改变之前的最低点。

（3）绝对低点和前期低点的区别。

跌破绝对低点，代表着行情单调性彻底改变，表明趋势一定发生了反转。而跌破前期低点，趋势不一定发生反转。

从趋势的定义来看，行情呈现上涨趋势的条件是高点不断抬高且低点不断抬高。但在行情实际运行过程中，行情会有杂波出现，所以在上涨趋势中，价格也有可能跌破前一波波动的低点，然后再拉升创新高，这样价格依旧保持上涨趋势状态。所以在上涨趋势中，价格高点不断抬高是不可或缺的条件，而低点有没有不断抬高则不是必要条件。当行情跌破低点时，行情单调性不一定发生改变，也有可能是行情杂波的干扰，所以选择绝对低点作为止损依据是科学的。

（4）止损的意义。

当我看见一个危险信号的时候，我不跟它争执，我躲开！几天以后，如果一切看起来还不错，我就再回来。这样，我会省去很多麻烦，也会省很多钱。

——利弗莫尔

止损是交易过程中重要的环节。交易中没有圣杯，所以必然要面对失败。失败时要认错，认错就得执行止损。

止损具体有以下三种意义。

第一，生存的本钱。

赚钱之前先要学会生存，止损是交易的一种保险成本，合理止损能避免交易者陷入无法负担的灾难之中。

根据市场不可测定理，每次下单都可能会输，而每个人的筹码都是有限的，所以不要产生较大的损失，这是保证有能力继续交易的根本。无数投资者离开市场，并不是因为他们赚钱的技术不够好，而是忘记了止损。

成功交易的核心是在排除致命风险的前提下实现盈利。当发生亏损时，要做的不是挽回损失，而是避免损失更多。盈利可以自己照顾自己，而亏损不会，它往往会像病毒一样肆虐和扩散，直至将你击垮。

错误并不可耻，可耻的是错误已经显而易见还不去修正。永远不要高估自己的判断，市场永远不会跟随你的意志转变，更不会被你打败，所以交易者不要固执己见。市场永远不会错，交易者要认识到自己的平庸。聪明的交易者往往看起来都是无知的，其实这是大智若愚。

止损永远都不会太晚，千万别破罐子破摔。身在市场，就得随时准备忍受痛苦。触及止损时，必须无条件离场，越过止损时更要不择手段地离场。

什么时候应该止损？那就是当你交易错误的时候。只要出现浮亏就是错了，超过承受的限度就要及时收手，没有任何其他理由。入市之前就要设定好止损，时刻留意可能出现的危险信号。盯住你的止损，不要轻易改动，除非市场朝着于你有利的方向运行。

第二，提升心态。

止损绝对不仅仅只是减少损失这一个作用，它还可以提升你的交易心态。太多的人害怕市场，其实这种情况没有什么可怕的。市场本身没有风险，失控的投资才是风险所在。市场无非要么多头，要么空头，你总有机会抓住其中一个。亏钱不可怕，可怕的是亏了大钱，让自己陷入不确定中，无法掌控局面。

经验表明，那些赚大钱的头寸，从来都不是因为行情判断的有多么准确，而是因为自己严格设置了止损。将风险限制在自己完全能够接受的范围，这样才会让自己有勇气和耐心持有盈利的头寸，坐等市场更大规模的波动，不会时刻担忧出现较大的风险而草木皆兵，夜不能寐。

一次好运气不足以改变命运，而一次坏运气却足以摧毁整个交易生涯。

另外，坏运气会引发连锁反应，当一笔亏损很大时，交易者就会变得心浮气躁，迷失方向，导致连续出错。基于此，交易者应该坚持止损。一笔小亏损微不足道，不要在小事情上浪费太多的时间和成本，这样只会让你的心态和运气越来越差。

真正成熟的交易者不是追求完美交易，而是接受不完美和有缺陷的交易。在面对不利的情况时，能果断止损。

第三，提高收益。

人们讨厌亏损，所以往往喜欢把止损归结为坏事情，总是想避开。但是你越想避开它，它越会伤害你。任何事情都没有好坏之分，就在于我们怎么去看它。其实如果你拥抱止损，热爱止损，它会帮助你很多，甚至会因为严格止损，你的收益率明显提高。

我们应该照顾好自己的本金，别让损失扩大。愚蠢的错误犯一次就好，千万不能一而再、再而三地犯。放手让亏损持续扩大，这几乎是所有投资者可能犯下的最大错误。所以不要嫌弃止损，而是应该让其与我们日夜为伴，形影不离，让止损做我们最好的“情人”。

交易具有不确定性，所以世上没有常胜将军。亏损和盈利是构成交易的必要元素，错误会常伴我们左右。成功不但要抓住机会，还要正确处置错误。正确的止损可以提高收益率，这听起来有点儿不可思议，但它是对的！你的收益率最低水平取决于你的止损机制。假如把交易看作水桶，那么盈利和止损就是组成水桶的部件。根据短板效应，能盛多少水取决于你的止损能力而非盈利能力，因为止损才是交易的短板。

笔者早期很多的损失都是因为蹩脚的止损能力，这让我一度陷入了赚小赔大的怪圈。现在我的多数利润都应该归功于良好的止损机制，这也让我的交易变得相对轻松起来。

我们谁都无法避免这样的情况发生，那就是你刚卖出，股价就开始上涨，甚至出现大涨，这确实很让人懊恼。但是千万不要因此痛惜，你没有过大的损失，就已经是漂亮的操作了。更不要认为自己止损错了而否定止损，因为否定止损将是噩梦的开始。

3. 加码原则

（1）关键点加仓。

加仓的方法和买入方法一样，应结合时机因素（或“新”时机因素），耐心等待行情突破关键点（或“新”关键点）时加码买进。需要强调的是，最有效的加码时机是行情以缺口方式突破关键点。

图6–139为歌华有线日线级别K线图，行情时间跨度为2019年7月31日到2020年8月28日。如图所示，因为歌华有线的下跌角度大于上升角度，根据绝对突破条件，当股价向上突破*F*点（$OB=BF$）时，就要进场买入。从图中可见，随后股价开始上涨，且以缺口方式突破关键点*A*（前期高点关键点）。因为缺口是关键点最强的时机因素，是最强烈的加码信号，所以应果断加仓买入。从图中可见，歌华有线的股价也是相当给力，后期最高涨至17元附近。

（2）控制风险不变。

浮盈加仓的核心在于放大仓位的同时，不再继续放大风险。很多人在放大仓位的同时也放大了风险，这样就会造成本可盈利的交易却变成了亏损。

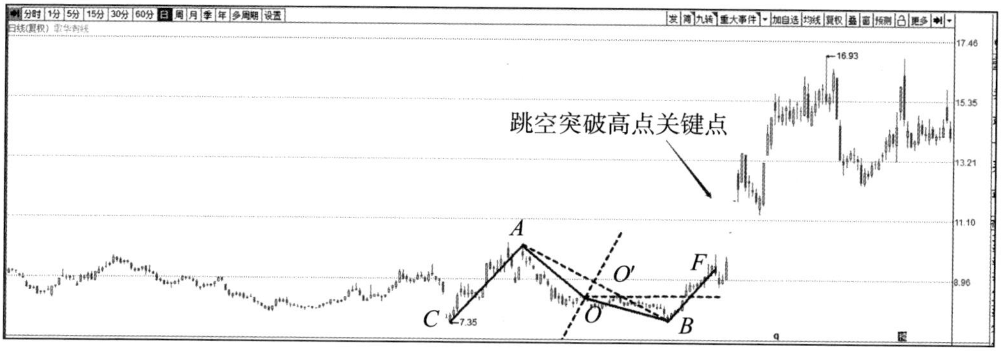

图6-139

关键点是加码的主要时机，但并非只要突破关键点就可以加仓，增加头寸一定要满足以下四个条件。

第一，试仓。

为确定我对市场趋势马上改变的猜测是否正确，我会用轻仓试探，小笔投入，根据市场趋势改变买或卖，这样就能检查出判断是否正确。

——利弗莫尔

永远不要孤注一掷，这是头等大事。你不必一开始就下很大的仓位。如果一开始就下了重仓，那也就无加码的必要了，但会给交易带来巨大的风险。

时机决定一切，但谁也不能肯定自己一定正确，所以第一次试探性建仓至关重要。在没有确定事情真相之前，再小心都不为过，因为它可以让我们避免陷入不必要的麻烦之中。交易之前应当先试一下，等市场变化证明你的观点后再加码，这样一旦出错，你的损失也是容易控制的。

第二，浮盈加码。

好的交易不但要让错误的单子尽可能少亏，更要让正确的单子尽可能多赚。这就要运用好加码，它是帮助交易者赚大钱的重要利器。永远不要在有利可图时缩手旁观，不为所动。尤其当你的头寸出现盈利时，应该大胆增加头寸，扩大你的盈利。当现实的账面利润足以说明你的判断是正确的，那么加码只会让你赢得更多。

绝对不要平摊亏损，一定要牢牢记住这个原则。不要在错误的事情上一错再错，不要对错误持怀疑态度，你正在赔钱就是错误最好的说明。浮亏摊平成本只会成倍扩大风险。

浮盈加码需要保证已经盈利的头寸足以对冲新增持仓的风险，这是加码的必要条件，因为这样才能使风险得到控制而不会变大。

第三，跟踪止损。

跟踪止损又称移动止损，就是跟随最新价格设置止损，这是在大幅获利或加仓时需要设置的交易指令。当头寸出现大幅盈利时，为了避免行情反转，运用跟踪止损策略就能锁定获利。更重要的是，当你加仓操作时，只有通过跟踪止损才能封闭风险敞口，保持初始风险不会扩大。

第四，等量加仓。

加仓的时候，绝对不要超过原有的头寸，应当保持等量加仓。一旦某次加仓量太大，就很难控制风险不加大，这样极容易由盈变亏，因为股价稍微回挡，就可能让你陷入亏损。一旦趋势发生反转，加仓的筹码就变成了高位被套，让你进退维谷。

4. 出场原则

当股价从10美元涨到50美元，你不要急于卖出，而应该思考一下有没有进一步的理由使它从50美元涨到150美元。

——利弗莫尔

利弗莫尔认为，不要轻易卖掉获利的头寸，应当放手让利润越滚越大。中心对称理论也提倡，不要给自己预设既定的获利目标，这样会束缚自己，让自己的眼界变短，陷入“日间杂波”之中。趋势交易应该没有目标，市场能涨多远，我们就跟随多远。我们的出场应该是被动的，因为该要出场的时候，市场会提醒我们。

中心对称理论的出场原则与止损方式一样，也是当持仓大幅获利以后，通过跟踪绝对低点的变化，采取移动止损的方式出场。移动止损即自动获利出场，什么时候出场让市场决定。需要注意的是，在持仓的初期阶段，利润还不够大的时候，应跟踪关键点，将止损移动至关键点之下。这是一种被动的出场方式，但可以最大程度地吃到趋势的波幅，不会因为跑得太快而只赚了个“鱼头”。

图6–140为片仔癀日线级别K线图，行情时间跨度为2020年9月28日到2021年10月29日。如图所示，$OB=BF$，行情的下跌角度小于上升角度，根据绝对突破条件，当股价向上突破F'点时（F'点的股价和中心对称点O的价格一样，即必须锚定中心对称点），就要进场买入。从图中可见，股价升穿中心对称点之后，行情强劲上涨，最后是在绝对低点J出场，进场后股价上涨30%多。

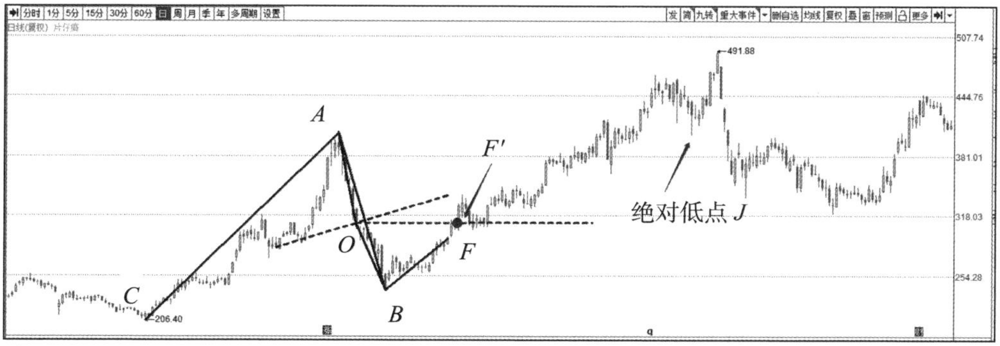

图6–140

本章总结：其实本章介绍的都是高概率买在起涨位置的突破点。利弗莫尔最在意的是一开始就有利润，这样能大大提升心态。高概率买在起涨点是利弗莫尔关键点交易法的最终目的，而突破是利弗莫尔交易的形式。如果只按照高概率买在起涨点，而不严格要求突破性质的话，那么市场还有很多“新”关键点有待开发。读者可以参考《像利弗莫尔一样交易——让利润奔跑》这本书，以学习更多的“新”关键点。

第七章

关键点交易步骤

由于中心对称点是最重要的关键点，中心对称交易法也是一套完整的系统交易体系，所以这里从中心对称点开始入场，然后使用其他关键点进行加仓的策略，来说明关键点交易的具体交易步骤。

7.1 何时使用中心对称交易法

通过对第六章的学习，大家知道中心对称是新颖的运用几何和函数语言分析行情的方法，并且效率也非常高。然而交易必须具有客观性，那么我们应该什么时候开始使用中心对称交易法呢？

当股价反弹越过次级别下跌行情的高点时，即开始使用中心对称交易法。事实上，中心对称交易法最大的用处是可以帮大家找到上涨十倍乃至百倍的大牛股。

在一轮下跌过程中，最后一次下跌反弹的高点称为观察点G。根据趋势定义，在下跌趋势中，股价每轮反弹的高点不能超过前一轮高点，所以当股价超越前一轮反弹的高点时，表明行情有可能开始转势。**当观察点G被突破时，就是开始使用中心对称交易法的时候，这时就可以在走势图中画出中心对称几何图形。**

图7-1为格力电器日线级别K线图，行情时间跨度为2014年4月10日到2020年4月9日。如图所示，当股价升穿观察点G时，就可以依据高点A和低点B画出中心对称点，从而依据中心对称点来预测后市行情的发展。

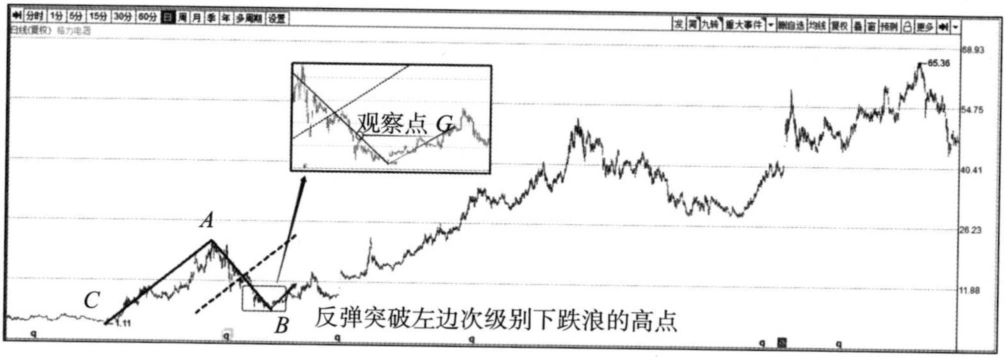

图7-1

7.2　确定绝对高点

能一次性找到观察点吗？当然不能，所以我们要去试。首先要从确定下跌浪的高点A开始，A点的要求是必须为绝对高点。而根据绝对低点原理，当股价跌破绝对低点时就是离场的时机。因为当绝对低点跌破了，股价才有可能出现真正意义的反转下跌而非正常回调，所以绝对低点具有重要意义。

判断绝对高点和绝对低点的方法一样。股价跌破绝对低点后形成的高点，称为绝对高点。

图7-2为格力电器日线级别K线图，行情时间跨度为2015年1月5日到2016年1月26日。根据绝对低点理论，在上涨过程中形成的低点1、2、3中，只有点1才是绝对低点，因为1、2、3处于相同的单调性的股价函数之中。只有当股价跌至点4，股价函数的单调性才发生改变。但点4并没有跌破点1，只有股价跌至点5时，股价才算真正意义上跌破了绝对低点。而绝对高点是在股价向下跌破点1之后才形成的。

图7-2

7.3 确定最低点

图7-3为格力电器日线级别K线图，行情时间跨度为2015年1月5日到2016年1月26日。最低点即绝对高点后开始回调所形成的最低点，图中所示点5就是最低点B′。

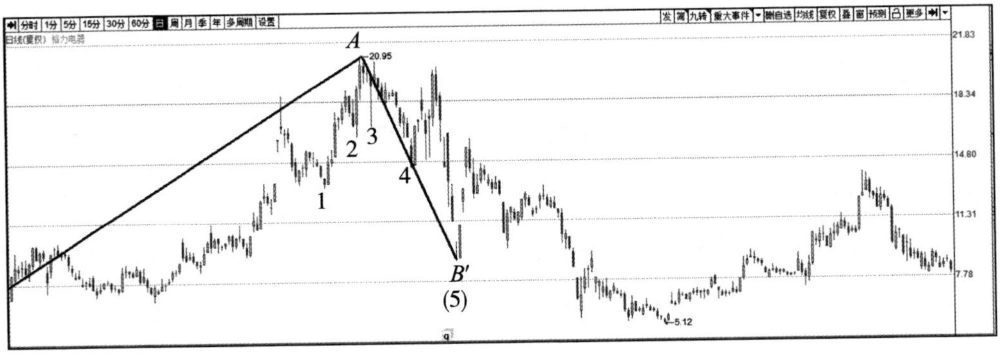

图7-3

7.4 确定观察点

根据定义，观察点为一轮下跌过程中最后一次下跌反弹的高点。

图7-4为格力电器日线级别K线图，行情时间跨度为2015年1月5日到2016年1月26日。如图所示，当行情从点5开始反弹的时候，观察点就是G'点。

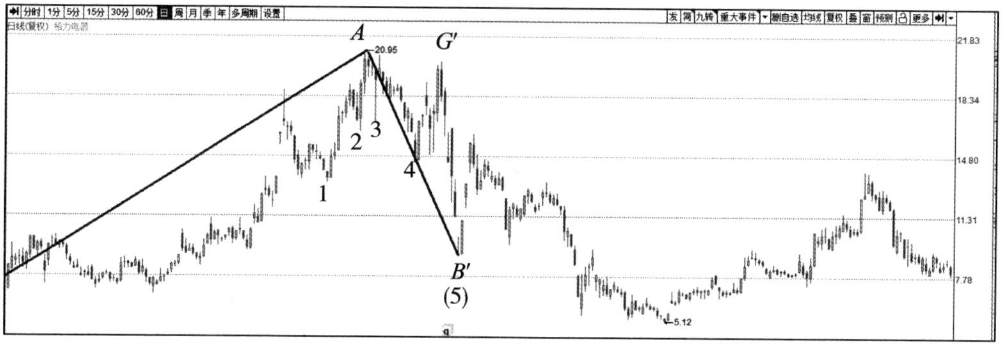

图7-4

7.5 画出中心对称点

作一条与直线AB垂直的虚线，虚线与行情相交且距离直线AB最远的点为中心对称点。

图7-5为格力电器日线级别K线图，行情时间跨度为2015年1月5日到2016年1月26日。图中O'点距离直线AB'最远，所以是中心对称点。

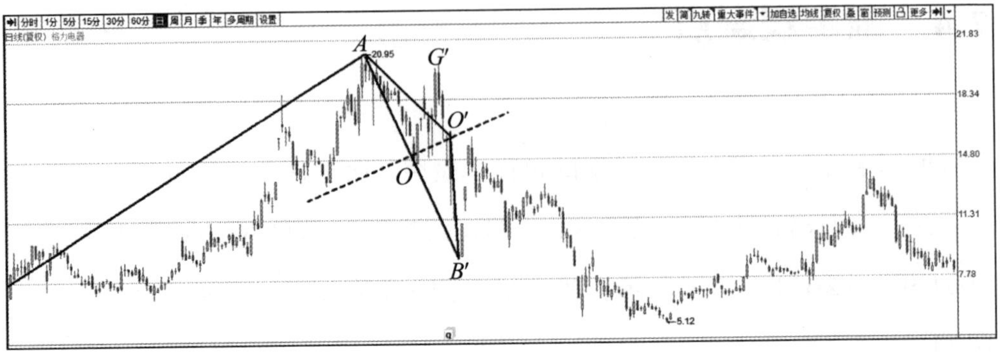

图7-5

7.6　观察中心对称点的有效性

根据绝对突破的理论要求，当下跌角度大于上升角度时，锚定中心对称点的相对位移点，向上突破则大胆买入；当下跌角度小于上升角度时，锚定中心对称点的绝对位移，向上突破则大胆买入。

图7-6为格力电器日线级别K线图，行情时间跨度为2015年1月5日到2016年1月26日。图中股价反弹并没有突破中心对称点O'，随后继续下跌并创新低，所以没有形成买卖信号，视为无效的中心对称点。

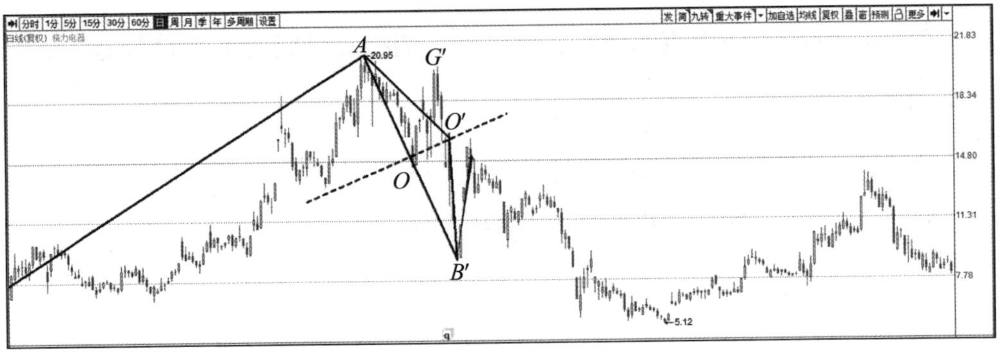

图7-6

7.7　寻找新的中心对称点

根据相同的原理，可以找出O''点为新的中心对称点。

图7–7为格力电器日线级别K线图，行情时间跨度为2015年1月5日到2016年1月26日。如图所示，股价同样没有突破中心对称点O''点，所以也是无效的中心对称点。

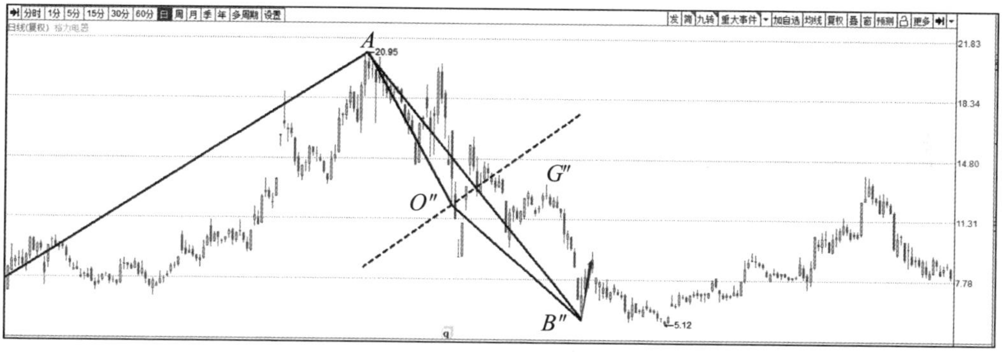

图7–7

寻找中心对称点的过程就是这样，行情在不断变化，我们无法提前知道准确的中心对称点在哪里。但是即使没有找对中心对称点，最多也就是没有出现买卖信号或进场后出现小的损失而出场，不会让我们产生较大的亏损。这里采取的是“轻仓试仓，盈利加码”原则，这种交易原则最大的例子就是“VLR资本运作模型”，该方法可以以倍数缩小风险，同时以倍数放大利润，详解见《像利弗莫尔一样交易——让利润奔跑》一书。

下面再举一个五粮液的例子，用以说明失败的中心对称点对交易的影响。

图7–8为五粮液日线级别K线图，行情时间跨度为2020年9月18日到2021年10月21日。

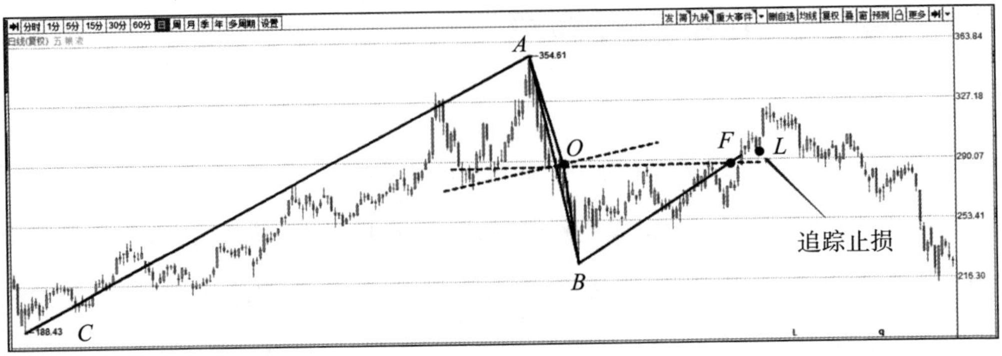

图7-8

根据绝对突破理论，五粮液应该在F点突破后买入，股价随后上冲12%，之后掉头下跌。此时行情单调性发生改变，根据最小阻力线理论（详解见《像利弗莫尔一样交易——让利润奔跑》），可以知道L点是临界点，因此将止损移动到前期低点L。L点基本位于进场点附近，在这样的地方止损虽然会遭遇失败的中心对称点，但是基本不会发生亏损。

依据中心对称理论入场，入场后行情立即掉头导致交易失败的例子比较少。本来这里打算再举一个交易失败的例子，但从A股中找了半天，也没找到符合中心对称交易法入场条件，交易直接失败且没有给出任何出场机会的股票，所以就放弃举这样的例子。但中心对称交易法也一定会出错，因为天底下没有100%交易成功的技术。

在交易过程中，如果遇上中心对称点直接失效的情况，其实关系也不大。一方面，这里强调止损是控制风险的最佳手段；另一方面，也是最重要的一点，是因为我们采取的是利弗莫尔“轻仓试仓，盈利加码”的交易方法，该方法会大大提升交易的容错率。当中心对称点失效时候，交易带来的风险相对于其盈利能力来说，通常都会显得微不足道。

接着以格力电器为例继续分析。既然图7-7中O''是无效的中心对称点，那么就需要继续按照相同的方法寻找准确有效的中心对称点。

图7–9为格力电器日线级别K线图，行情时间跨度为2015年1月5日到2016年1月26日。如图所示，O''' 为有效的中心对称点，因为股价最后突破了G''' 点，并且也突破了中心对称点，出现了买卖信号。

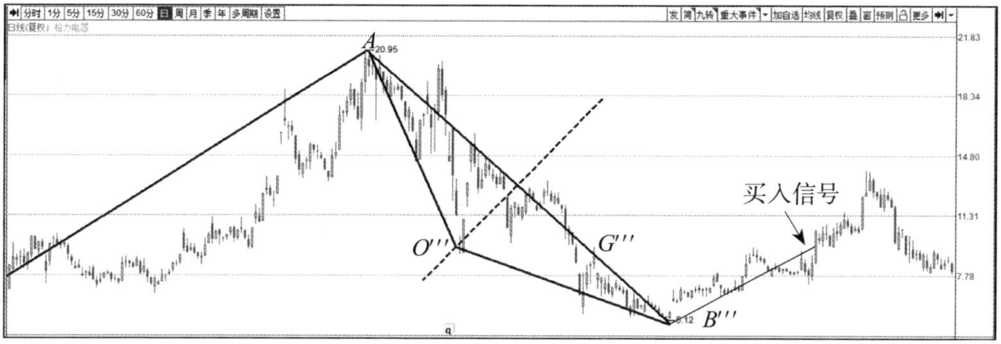

图7–9

7.8 依据绝对突破信号买入股票

找出有效的中心对称点后，就可以按照绝对突破条件买入头寸。

图7–10为格力电器日线级别K线图，行情时间跨度为2015年1月5日到2016年1月26日。如图所示，$O''' B''' = B''' F$，由于行情的下跌角大于上升角，所以当股价突破F点（9.40元）时，就是买入信号。

图7–10

7.9 原始止损

原始止损是依据绝对低点来设置的。

图7-11为格力电器日线级别K线图，行情时间跨度为2015年1月5日到2016年1月26日。如图所示，相对买入点*F*的绝对低点是*Z*点，所以应该把止损设置到*Z*点以下。

图7-11

7.10 关键点加仓

将行情图缩小，根据关键点加仓原理，在上涨走势中不断加码。

图7-12为格力电器日线级别K线图，行情时间跨度为2014年4月10日到2020年4月9日。图中一共有6次加仓机会。

第一次：突破缺口关键点加仓，这是最强的加仓信号。

第二次：突破振荡高点关键点加仓。

第三次：突破历史高点关键点加仓。

第四次：突破振荡高点关键点加仓。

第五次：突破历史高点关键点加仓。

第六次：突破历史高点关键点加仓。

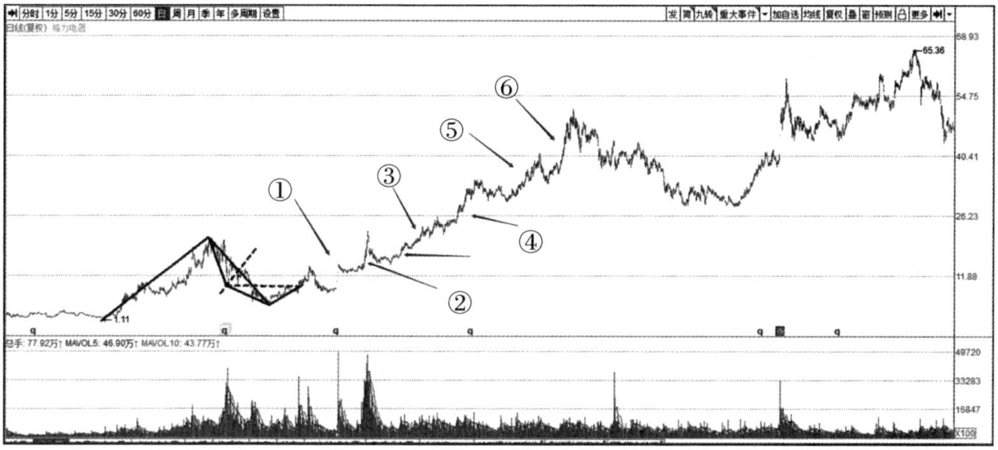

图7-12

7.11　跟踪止损

和原始止损一样，跟踪止损也要以绝对低点为止损依据。

图7-13为格力电器日线级别K线图，行情时间跨度为2014年4月10日到

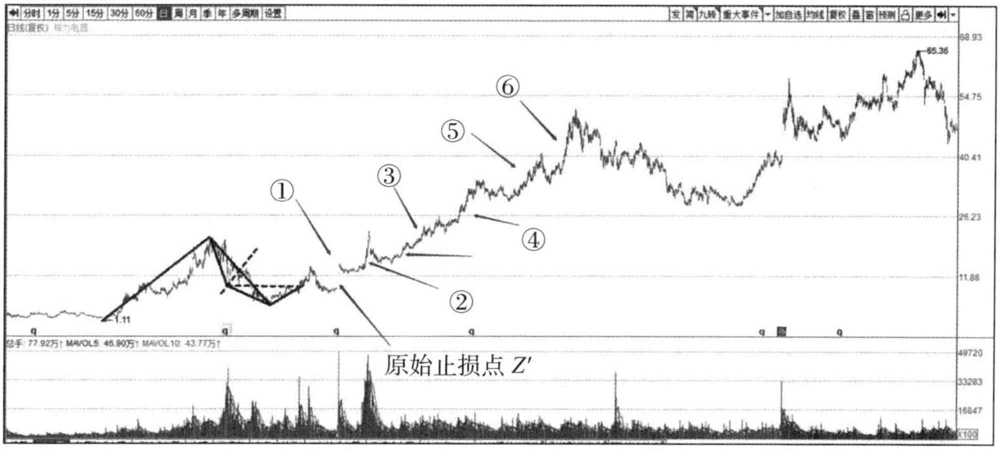

图7-13

2020年4月9日。这里以加仓①为例来说明，其他5次加仓的跟踪止损点，大家可以根据绝对低点原理进行推导。第一个跳空涨停的价位Z′就是加仓①的移动止损点，因为跳空缺口是强大的支撑位。

7.12 获利出场

中心对称点交易方法都是被动跟踪止损出场，所以出场点是最后一次跟踪止损的绝对低点被跌破后自动离场，此时一般也是市场转熊的关键点时机。

图7–14为格力电器日线级别K线图，行情时间跨度为2014年4月10日到2020年4月9日。如图所示，将行情局部放大，可以看到当股价跌破绝对低点44元时，就是获利出场点。

这次交易在9.40元附近进场，最终在44元附近出场，股价上涨幅度是368%。中心对称点交易法让交易者轻松抓住了一波快速上涨的大牛市，而且其中还加了6次仓，整体获利应该远超10倍。

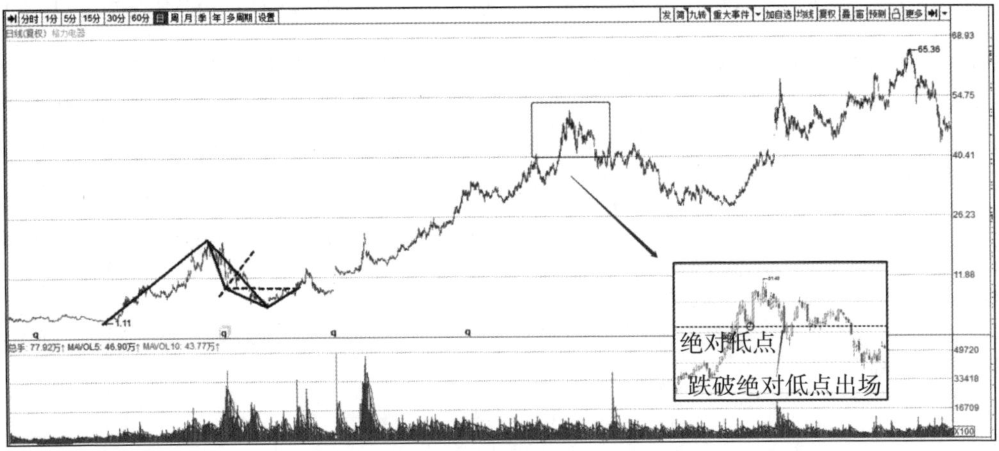

图7–14

第八章

关键点智慧集锦

8.1 止损先行

任何交易都应该提前想好止损。一旦止损超过承受的范围，那就放弃吧，哪怕是你认为几乎必定发生的事情！千万不要入场后再来思考止损，开仓的正确方式并不是根据你对市场的某种看法，或对市场的预判有多准确，而是入场后的潜在风险有多大。

8.2 永远顺势交易

人总是喜欢贪便宜，对那些看起来昂贵的股票，大家都会异常排斥。逆势交易，这几乎是所有失败投资者会犯的错误。买在低点还是卖在高点并不重要，顺势最重要。

在强势上涨中，宁愿在多头中等死，也不要在空头挣扎中找钱；在强势下跌中，宁愿空仓等到老，也不要持多单与市场抗争。

8.3 一定要去赚大钱

太贪并不好，这不等于不贪就是好事。别人恐惧我贪婪，该贪婪的时候一定要放手一搏，持续堆上你的筹码。

总有些胆小的人认为只要自己不贪就不会亏钱，但是你不贪就说明你也不会赚。一旦当市场不如意的时候，你很难舍掉你的筹码，亏的往往是大钱，而赚的总是芝麻。

一旦进场了，就不要轻易下车。市场最大的波动往往出现在最后的48小时里，那个时候才会给你最多的利润。

8.4　遵守纪律，防止灾难随时降临

这是最难的部分，因为人性一大特殊之处，在于既感觉希望无穷，又觉得惊恐无比。事实上，利弗莫尔比一般人更易受影响，他的成功来自高度自律。他的一生，就如同他告诫儿子所说的："我只有在违背自己的规则时，才会亏损。"

平庸的交易者到处抓钱，非凡的交易者用系统规则自动赚钱。

平庸的交易者对于能不能赚钱始终未知，却总相信自己可以猜对市场；非凡的交易者虽然不能预见涨跌，对赚钱却很笃定。

交易技术是持续赚钱的必要条件，但不是充分条件。纪律高于一切，如不能知行合一，学再多的技术，徒增亏损的方式罢了。交易不能让人亏惨，技术也不能让人亏惨，能让你亏惨的只有你自己。

8.5　赚大钱比高胜率更重要

交易不需要高胜率，但不能没有高盈亏比。华尔街很多杰出的交易员获胜概率都很低，甚至低到40%以下，但这并不影响他们卓越的战绩。

过分追求高胜率会让你变得鼠目寸光，过分关注眼前利益，稍出现浮盈，你就想兑现。而亏损时，又会诱使你抗单，以图做出漂亮的概率战绩，但这往往会让你遭受巨大损失，这样很容易陷入赚小赔大的怪圈。

过分追求高胜率反而会束缚你，束缚你去赚大钱。你应该摆脱束缚，去关注一次赚10倍甚至100倍的机会。当你一次赚100倍的时候，概率就是浮云而已。巨幅盈亏比的资本运作模型，可以参考《像利弗莫尔一样交易——让利润奔跑》。

8.6　驱动市场的是人性

驱动股市的不是理智、逻辑或经济因素，驱动股市的是从来不会改变的人性。华尔街不会变，市场不会变，人性永不变。大众犯错误时，往往都是你赚钱的机会，所以要随时准备和大众反向交易。

不要盲从市场消息或新闻，当它们出现的时候，大多数行情其实早就过去了，这些消息或新闻只不过是给普通投资者听的，好让他们来接盘而已。

8.7　制订计划策略

机会永远留给有准备的人。不知道未来会发生什么，这没什么可怕的，真正让人害怕的是当事情发生时不知道如何应付。

在炒股成功之前，你必须有一个明确的策略，制订周密的“作战”计划。当市场出现非常态变化时，你也能游刃有余，否则你将被市场突如其来的变化打个措手不及。市场永远是多变的，不喜欢提前做准备的人，总是会被挫败。

长点心眼吧！连赚钱的事情都不能让你用心，总是随随便便贸然入市，金钱都不能激发你的细心谨慎，疏懒至此，你还有什么“钱”途可言！

8.8　减少交易次数，提高交易质量

交易数量与盈利多少毫无关系。有人一笔交易可以赚一套别墅，而有人交易一辈子却输了一套别墅。

手痒总想交易的人，多数都是短线客，希望通过赚很多次小钱而累积成大钱，这难度不亚于徒手堆砌一座万里长城。频繁交易会一点一点消磨你的意志，当你的意志被击垮时，就是你赔大钱的时候。何不集中火力，瞄准一点出击，努力提高单次交易的质量，要么不赚，要么就大赚。

8.9　学会分析错误

人们认为我不会出错，这完全是一种误解。坦率地说，对任何事情，我和其他人会犯同样多的错误。但是，我的超人之处在于我能认识我的错误，这便是成功的秘密。

——利弗莫尔

分析错误往往比分析胜利更让人受益，但人们总是趋向忘记所犯的错误，陶醉于胜利的喜悦。犯错不要紧，要紧的是不要重复犯错。

犯错其实是一件值得骄傲的事情，因为你有机会认知自己的不足。

8.10　千万不要干止盈不止损的蠢事

多数失败的投资者喜欢只设止盈不设止损，只要获利就迫不及待地兑现利润，遇见亏损时就直接躺平，其实要做的恰恰相反。很多时候，这样做可能会放跑真正的牛股，却拿着一把表现不好的股票。

8.11　保持客观

不要让自己时时刻刻都在市场里，一定不要长时间盯盘，这对交易有百害而无一利。市场不是你盯着它就能涨，它该涨就涨，该跌就跌，不以任何人的意志为转移。长时间盯盘会让你丧失客观性，眼里只有K线上下跳动，最终不是价格在动，而是你的心在动，心一动，就会忽视市场之外那些根本性的东西。

所有投资者都不可能永远踩准市场节奏。当你连续输的时候，不是努力就能扭转这种局面的，正确的做法是卖掉一切头寸，让你的态度保持中立，这样才能重新获得客观。因为一旦你手中有持仓，你就会时时刻刻想着它。

要时刻认清事实，对错并不取决于你。市场是唯一的常胜将军，市场结果是客观的，是不允许你上诉的。

8.12　重仓交易，与天为敌

墨菲定律告诉我们，出错是一件绝对肯定的事情。只要你重仓交易，无论你的技术多么好，运气多么爆棚，亏完也无非是早晚的事情。不要追求短期利润，而应着眼长远，追求伟大的事业和稳定的回报。

8.13 禁止亏损加码

千万不要试图去挽救某只亏损的股票，亏损加仓是最愚蠢的事情。明知亏损了，为何还要在错误上更进一步呢，为何还要将错误的影响放大呢？

根据趋势重复效应，出现亏损后，如果继续加仓，大概率会加深亏损。大多数人就是不愿意放手，非要在亏损的股票上赚回来才罢手。其实你大可以重新选择股票买入，这比你在亏损的股票上继续加仓，成功的概率会大得多，投资者往往喜欢为了一颗烂树而放弃整片森林。

一定不要亏损加码，只要存在这个习惯，基本不会有一丁点儿成功的希望。可以这么说，亏损加仓是失败的代名词。

8.14 一定要在正确的事情上加重头寸

判断对错并不重要，重要的是正确时获取了多大利润，错误时亏损了多少本金。一旦市场验证你的想法时，一定要有勇气去加注。

在浮盈加码机制中，开仓只是交易的开始，盈利多少却与它无关。决定你能不能赚大钱的，是能不能在盈利的头寸上持续加码。盈利加码可以发挥“杠杆效应”，让利润呈倍数甚至指数级扩大。

因此，学会贪婪，让利润奔跑吧！千万不要害怕赚钱。

8.15 不要奢望大小通吃

首先给自己明确定位，明确你操作的品种，明确你要追踪的行情级别，明确你的预期盈利幅度。不要奢望大小通吃，没有人是全能的，交易更是如此。没有完美的操作，事实上任何事情都会有缺陷。

8.16 耐心最重要

除了知识以外，耐心比其他任何因素更为重要。

——利弗莫尔

其实耐心远胜过头脑。每个人的资金都是有限的，所以你能够交易的次数也是有限的。应该耐心等待绝佳的机会出现，不要轻率地做出决定。

赚钱是急不来的，越急躁越会让你失去客观性。坐着等吧，等市场叫你进场，等市场给你送钱。赚钱这事强求不来，交易其实是一种被动收入。

人本来无非是耐心和时间的混合物，交易其实是一种等待的艺术。当你拥有足够的耐心，付出足够的时间，你一定会比别人做得更好。

如果你不能耐心等待成功的到来，那么你将不得不耐心地承受一生的失败。

8.17 不要害怕失败

一位真正优秀的投资者，并不在于他是常胜将军，事实上也没有人是常胜将军，而在于他直面失败的勇气。在你成功之前，失败可能是常态，但你要有勇气从每一次失败中站起来，吸取教训，慢慢变得更加强大。失败的次数越多，成就的高度也就越高。

8.18　永远交易强势股

对于那些沉闷至极的股票，赶紧抛掉吧！它会消磨你的意志，浪费你的时间价值。最重要的是，为什么它无人理睬？最有可能的答案是该股票出问题了！

永远只在最活跃的股票上下功夫。活跃的股票表明更受市场的青睐，价值一般来说也更大，交易这些股票，往往更容易获利。

8.19　涨跌无关紧要，最要紧的是做正确的事

不管是涨还是跌，你都有可能出错。不要过分纠结市场方向而忽略了最要紧的事情。遵守你的规则，不管你有多努力，市场都不会为附和你而改变，坚持做正确的事，你就能在正确的事情上受益无穷。

8.20　压力是正确抉择的天敌

当你心理承受巨大压力的时候，你会变得异常紧张。一旦你陷入了极度紧张的状态，就会丧失思维能力。

市场从来不会为某个人的皮衣买单。你要是这样想，你就会被市场狠狠

地教训（不要带着生活压力入市）。

市场从不会为你的贪婪买单。你要是这样想，市场一定会让你感到生无可恋（不要重仓贪图暴赚）。

8.21 交易没有固定规则

行情是时时变化的，我们不能用一个固定思维去衡量行情波动状态，这次是反复调整，下次可能是单边直线。想用某种规则去规范行情是不可能实现的，只有规范自己的行为才是可行的。

行情是有规律的，但是这种规律不是一成不变的。技术派投资者犯的最大的错误是认为学好某种技术，然后用这种技术就能抓住行情的运行模式，这肯定不得法。

本质上，在任意时点、任意价格开仓，交易的意义都一样，盈亏概率也一样，并没有什么不同，不同的是你怎么处理后续的市场变动。

8.22 交易是一项事业

把交易当作一种职业，把交易成功当作一个理想，不要单纯将其作为赚钱的渠道。你要热爱它，学习它，不然你越想赚钱就会越亏损，越无法获得成功。

你首先要做的是把交易这件“事”做好。“事”做好了，成功自然就会垂青于你，金钱也会随之而来，因为金钱只不过是交易成功的副产品。

交易成功不完全等同于交易获利。比如死扛单最后获利，其实属于失败，比止损出局还失败，因为扛单获得的利润终究要送回市场，只有成功的交易才会让你的利润稳定增长。

告诫那些一心只想赚钱、想要发横财的投资者不要入场，市场不会如你所愿，因为你轻视它，玷污它，它将会把你打得头破血流。成功只属于热爱交易的人，而不是热爱钱财之人。再重复强调这句话：金钱只是交易成功的副产品！

交易是一条修行之旅。你的孤独，你的苦楚，你的绝望，伴随你最后一次的突破，然后你成功了，那么今后你的甘甜将会源源不断。

8.23　实在没有耐心，就多关注其他市场

如果你实在没有办法管住自己的手，总是因为缺乏耐心、随意交易而导致赔钱，那么建议你扩大自己的能力圈，多关注一些市场。在不同的市场中寻找赚钱的机会，远远强于固执地在同一个市场中频繁杀进杀出，因为同一个市场不可能每天都有最佳盈利机会。

8.24　容忍不完美

如果你没有准备好承受痛苦，就应该远离市场。交易永远不可能完美，也不可能有圣杯。错误是注定会发生的，只有当你接受交易的不完美时，你才能坦然处理亏损。

8.25 追求慢慢变富

洛克菲勒说："即使把我扒得一个子儿也不剩，然后扔在撒哈拉沙漠中心，但只需给我两个条件：给我一点时间；让一支商队从我身旁路过。那么要不了多久，我就会成为新的亿万富翁！"

这里向大家赠送几句话：

- 我不知道如何一夜暴富，但是我知道如何用50年暴富。
- 请放慢交易投资的脚步，哪怕你现在一贫如洗，50年后，你一样会非常富有。
- 也许不需要50年，因为对于财富的积累，交易哪怕再慢都很快。给自己一点时间吧，不要逼自己太甚！

附录 A

抓住行情底部

第七章中所举的格力电器的案例，是上涨中继的例子，这里再举一个使用中心对称交易法抓住行情底部反转的例子。

图A–1为中国核电日线级别K线图，行情时间跨度为2015年6月25日到2022年1月17日。中国核电上市后，从高位开板以来持续大跌。面对这种走势，不要轻易去抄底。中心对称理论告诉我们，一定要保持耐心，等行情涨起来，才可以准备入手。

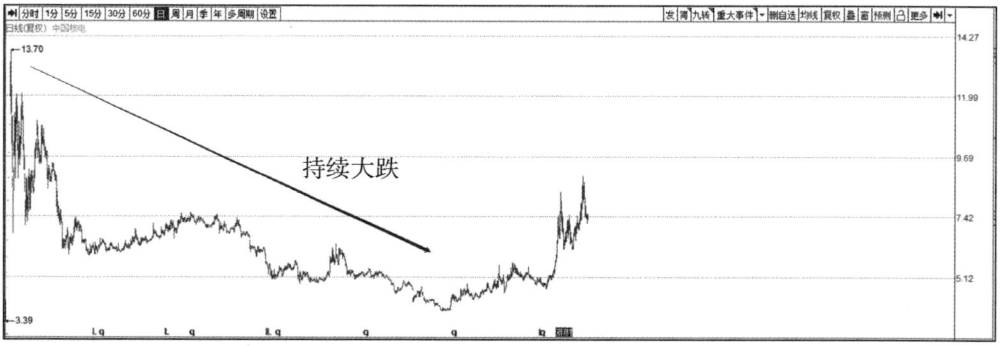

图A–1

图A–2为中国核电日线级别K线图，行情时间跨度为2019年12月13日到2021年1月8日。如图所示，实战中，要一直等到股价突破观察点G时，再留意中国核电这只股票反转的可能性。

图A–3为中国核电日线级别K线图，行情时间跨度为2019年7月2日到2021年4月15日。如图所示，股价到达最低点B之后，开始强劲反弹。此时可以根据中心对称理论，找出行情中心对称点O。由于下跌角$\angle OBO'$大于上涨角$\angle O'BF$，且$OB=BF$，根据绝对突破条件可知，当行情突破F点时，表明行情确认上涨，可以开始试仓做多。

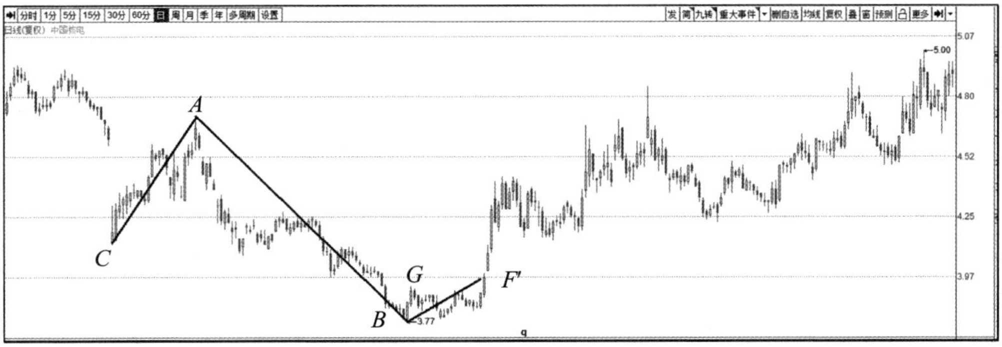

图A-2

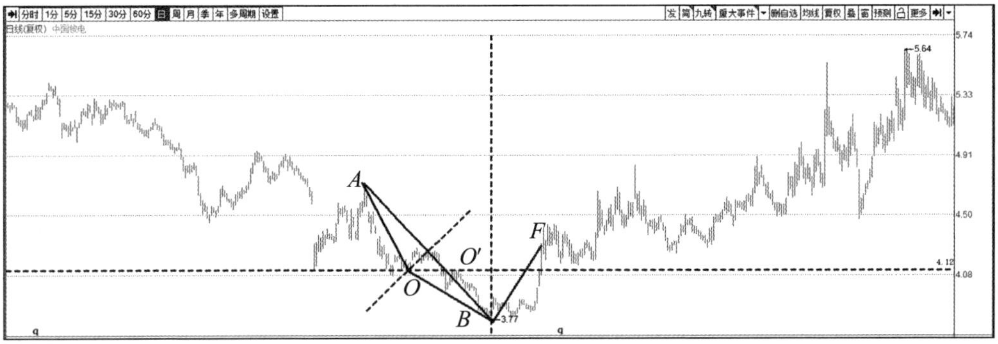

图A-3

图A-4为中国核电日线级别K线图，行情时间跨度为2019年11月14日到2020年12月19日。试仓入场之后，根据绝对低点交易法，应该将原始止损设置为绝对低点*J*。从图中可见，*J*点的止损过大，所以应该选择跳空关键点*P*设置止损。这是一个在绝对低点设置止损不合理的例子。

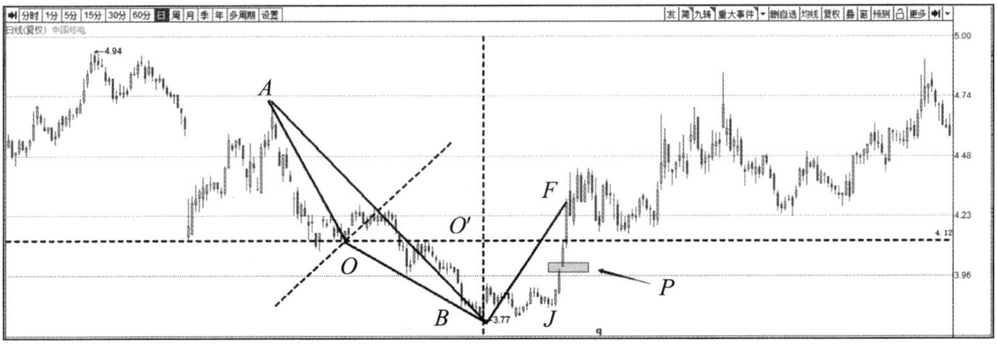

图A-4

图A-5为中国核电日线级别K线图，行情时间跨度为2019年11月14日到2020年12月19日。如图所示，行情随后一路上升，再也没有跌破过中心对称点，最高升至8.92元，大涨近120%。这次利用中心对称点交易法成功抄底。

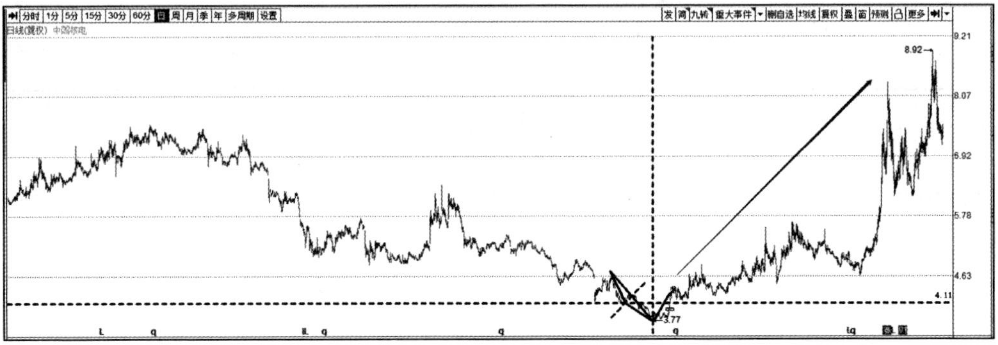

图A-5

附录 B

预判行情顶部

映射理论可以判断上涨行情的重要转折点，一样可以判断股票什么时候开始转熊，这对融券或个股期权做空有非常大的帮助。

如图B－1所示，O是中心对称点，O' 是水平线与铅垂线的交点，$\angle OBO'$ 是上升角，$\angle O'BD$和$\angle O'BD'$ 是下跌角，$OB=BF$，O点和F' 点股价相同。

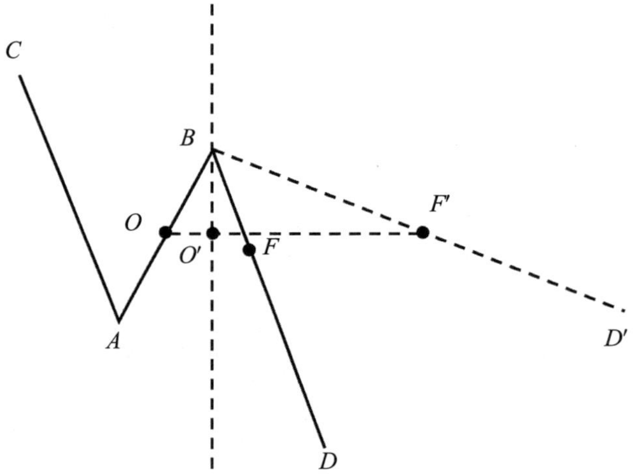

图B－1

因为$\angle OBO'$ 大于$\angle O'BD$，则当股价向下跌破F时，就是卖出做空信号，也是重要的关键点，即可以确定股价已经进入熊市。

因为$\angle OBO'$ 小于$\angle O'BD'$，则只有当股价向下跌破F' 时，才是卖出做空信号，也是重要的关键点，即可以确定股价已经进入熊市。

图B－2为凯龙股份日线级别K线图，行情时间跨度为2016年6月7日到2018年1月2日。O是中心对称点，O' 是水平线与铅垂线的交点，$\angle OBO'$ 大于$\angle O'BF$，$BF=OB$。那么当股价向下跌破F点时，绝对位移BF一定大于OB，则此时为卖出做空信号。从图中可见，股价向下跌破F点后（即锚定F点本身，价格突破相对位移），股价随后见顶，开启了大级别的熊市大跌。

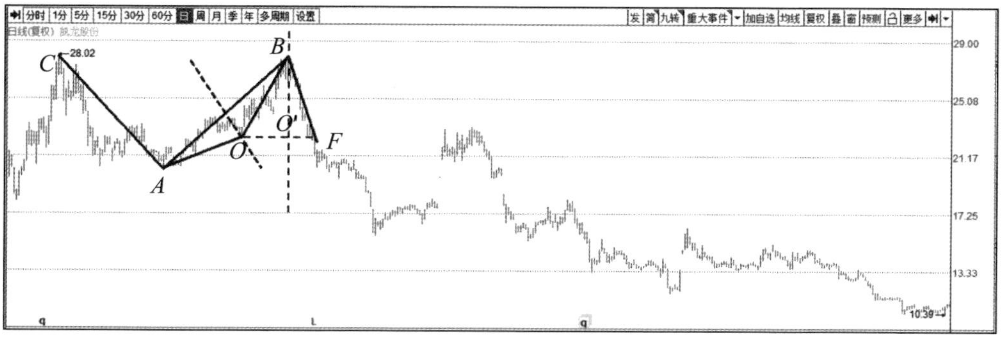

图B-2

图B-3为岭南控股日线级别K线图，行情时间跨度为2007年9月13日到2008年8月25日。O是中心对称点，O'是水平线与铅垂线的交点，$\angle OBO'$小于$\angle O'BF'$，F'点的股价和O点相同。那么当股价向下跌破F'点时，相对位移BF'一定大于OB，则此时为卖出做空信号。从图中可见，股价向下跌破F'点后（即锚定O点，价格突破绝对位移），股价加速下跌，并且F'点后市再也没有被触碰过。

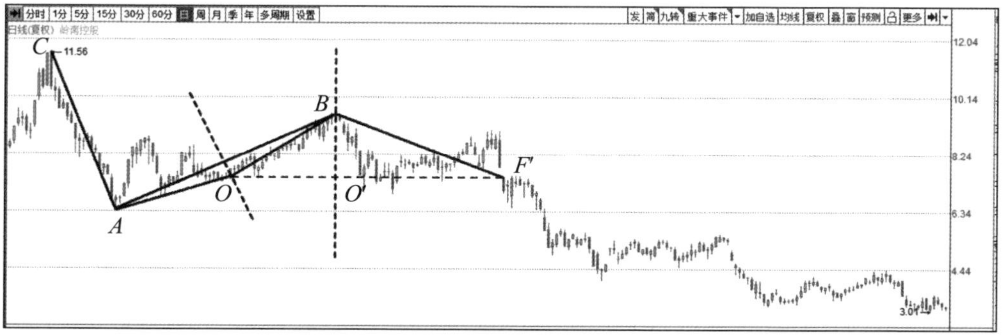

图B-3

总结：当上升角度大于下跌角度时，锚定中心对称点的相对位移点，向下跌破则卖出做空；当上升角度小于下跌角度时，锚定中心对称点的绝对位移点，向下跌破则卖出做空。

需要注意的是，映射理论适用于中长线操作，对中长线投资具有非常强的盈利能力。对于短线操作适用性一般，如果要用其指导短线操作，则需要调小K线周期，在更小的周期上进行分析。